Abendliche Paddeltour durch die Schären
an der schwedischen Westküste

HIGHLIGHTS
SCHWEDEN

DIE **50** ZIELE, DIE SIE GESEHEN HABEN SOLLTEN

HIGHLIGHTS
SCHWEDEN

Petra Woebke
Thomas Krämer

 BRUCKMANN

Kleines Schweden-Kaleidoskop mit idyllischer Meeresbucht (oben), duftendem Rapsfeld (Mitte) und einer Gasse in der pulsierenden Hauptstadt Stockholm (unten).

Inhaltsverzeichnis

Traditionen wie die der Holzpferdchen
(oben), dem Mittsommernachtskranz
(Mitte) und der samischen Symbole werden hochgehalten (unten).

RUSS-LAND

LOFOTEN

NORDMEER

NORWEGEN

nördlicher Polarkreis

Skibotn

Narvik
50
Abisko
Riksgränsen
Karesuando

2117 m ▲ 48
Kebnekaise
49
Kiruna

Torneälv

42

Inari-järvi

Inari

Sodankylä

47
2089 m ▲
Sarektjåkka
Stora
Lulevatten
Gällivare

LAPPLAND
Porjus

45

Mo i Rana

Ammarnäs
Hornavan
Arjeplog
Storavan

▲ 1767 m
Norra
Storfjället
Sorsele
34
44
Arvidsjaur

Storuman
43
Vindelälv
Skellefteälv
Jörn

Vilhelmina

46
Jokkmokk
Luleälv

NORRBOTTEN

Piteälv

Töre
40
Luleå
Piteå
Skellefteå

Rovaniemi

Kemijärvi

Kuusamo

Tornio
Haparanda
41

Oulu
(Uleåborg)

Kontiomäki

Oulujärvi

VÄSTERBOTTEN

Umeå

ÅNGERMANLAND
Strömsund
Ramsele
Örnsköldsvik

JÄMTLAND
35
Kallsjön
37
Glösa
Åre
36
Storsjön
Östersund
Sollefteå

1796 m ▲
Helagsfjällen

HÄRJEDALEN
32
Sveg

Bräcke
MEDELPAD
Kramfors
39
Höga Kusten
Härnösand

Sundsvall
HÄLSINGLAND

Bottnischer Meerbusen

Kokkola
(Gamlakarleby)

Vaasa
(Vasa)

FINNLAND

Jyväskylä

Kallavesi

Trondheim

Ålesund

31
Österdalälven
DALARNA
33

Ljusnan

Ljusdal
Bollnäs
Hudiksvall
38

Pori
(Björneborg)

Tampere
(Tammerfors)

Rauma

Lahti

Kouvola

Lillehammer

Mora
30
Siljan

Falun
Gävle
GÄSTRIKLAND

Turku
(Åbo)

Helsinki
(Helsingfors)

Kotka

Oslo

Tønsberg

Klarälven

Ludvika
29
Dalälven
UPPLAND

VÄRMLAND
VÄSTMANLAND

Karlstad
Karlskoga

Uppsala

Norrtälje

27
Strängnäs
28
Mälaren
26
Örebro
NÄRKE
Gripsholm
SÖDERMANLAND
23
24
Vaxholm
Stockholm
25

Kristiansand

Tønsberg

12
Tanum
Hamburgsund
10
11
SOTENÄS
9
BOHUSLÄN
19
Uddevalla

DALS-LAND
13
Vänern
Vänersborg

19
Karlsborg
13
Vättern

Norrköping
19
20
Linköping
GÖTLAND

21
22
Trosa
Nyköping

Nynäshamn

GOTSKA
SANDÖN

ESTLAND

Tallinn

Peipsi järv

Skagerrak

Göteborg
8
VÄSTER-
Borås
GOTLAND

Jönköping

Visby
18
GOTLAND

Frederiks-havn
Ålborg

Varberg
Falkenberg

Kattegat

7
Halmstad
HALLAND

Bolmen
SMÅLAND
Ljungby
Växjö

14
Kalmar
15
ÖLAND
Borgholm

16 ★ Trollwald
Oskarshamn

Västervik

Riga

LETTLAND

Daugava

Holstebro
Århus

DÄNEMARK

Kolding
Esbjerg

Odense
Korsør

Helsingborg
Helsingør
Helsing-borg

København
Malmö
Trelleborg
Ystad

1
SKÅNE
6
4 5
2
Simrishamn

Kristianstad
BLEKINGE
Schloss Vittskövle

3
Karlskrona

17

OSTSEE

LITAUEN

Wasser spielt in Schweden eine große Rolle. Das Meer beim Hunnebostrand (oben) bietet Fischern und Kormoranen (Mitte) Nahrung. Der Götakanal (unten) verbindet die schwedische Ost- mit der Westküste, die Öresundbrücke Dänemark mit Schweden (rechte Seite oben). Freizeitskipper schätzen die einsamen Buchten an der Bohuslänküste (rechte Seite unten).

Sehnsuchtsland Schweden

Kaleidoskop aus rot-weißer Idylle und kargem Fjäll

Zwischen dem Hochgebirge Nordschwedens und den langen Sandstränden in Schonen liegen 1600 Kilometer und viele unterschiedliche Landschaften – manchmal atemberaubend auf den ersten Blick und bisweilen ihre Schönheit im Detail verbergend.

Dieses Buch soll dazu anregen, die Augen zu öffnen – für die 50 wichtigsten Sehenswürdigkeiten des Landes, die man gesehen haben sollte, und darüber hinaus.

Ein kleiner, blonder Junge, der die Tür eines rot-weißen Häuschens aufstößt und die Treppen herunter läuft, über den gepflegten Rasen des Vorgartens rennt und schließlich hinter Bäumen verschwindet, zwischen denen das Wasser eines Sees glitzert. Das ist das Schweden, das die ungemein beliebte schwedische Schriftstellerin Astrid Lindgren in den Köpfen der Menschen hinterlassen hat. Ein Klischee? Mitnichten! Es gibt diese lieblichen Landschaften, in denen genau jene rot-weißen Häuschen an den Seen stehen. Es gibt diese gepflegten Vorgärten, in denen der Rasen so aussieht, als ob er aus Kunststoff wäre. Es gibt diese blonden Jungen und Mädchen, die fröhlich lachend über die Wiesen tollen. Und es gibt diese klaren, in der Sonne glitzernden Seen. Abertausende sind es, die Schweden zu einem Paradies für Wassersportler machen, für Angler oder einfach Menschen, die ihre Ruhe und Erfüllung an einem der vielen Seeufer finden, gegen das sanft die Wellen plätschern.

Landschaftliche Vielfalt

Die Provinz Småland beispielsweise ist solch eine Landschaft, die diese Vorstellung auf angenehmste Weise erfüllt. Doch Schweden hat viel mehr zu bieten als rot-weiße Idyllen an Seen. Da ist die Hauptstadt Stockholm, die aufgrund ihrer Lage auf vielen kleinen und größeren Inseln als das Venedig des Nordens bezeichnet wird und einem Vergleich mit ihrem italienischen Pendant spielend standhält. Nicht nur kulturell, sondern auch in puncto Lebensfreude und Genuss. Denn während noch vor 20 oder 30 Jahren die Wurstbude an der Tankstelle der Treffpunkt für einen kulinarischen Ausflug war, weiß man heute zu schätzen, was die Natur zu bieten hat. Und das nicht nur in Stockholm, sondern im ganzen Land. Frische Beeren und Pilze, leckere Kartoffeln und Rentier-

Der Hafen von Skärhamn auf der Insel Tjörn ist bei Bootsbesitzern beliebt (oben). Fischer (unten) trocknen ihren Fang in Mollösund auf Orust. Schon fast kitschig und doch real: Sonnenuntergang in Melbystrand (rechts oben).

fleisch benötigen keine gastronomischen Klimmzüge, um zu einer überaus schmackhaften Mahlzeit zu werden. Nicht zu vergessen der Fisch, der aus den Flüssen und Seen gezogen wird. Dann ist da die prächtige Inselwelt an der schwedischen Westküste. Schären nennen die Schweden diese kleinen und größeren Inseln, die manchmal nicht mehr sind als ein Fels im Meer, manchmal sind sie aber auch von grünen Kiefern bewachsen und bieten sogar einsame Sandstrände zum Baden. Hier verbringen viele Schweden selbst ihren Urlaub, lassen ihr Boot zu Wasser, um in einer stillen Bucht der Sonne beim Untergehen zuzusehen. Nicht zu vergessen die Provinz Schonen mit ihren schmucken Bauernhöfen, behutsam hergerichteten Kirchen und den weiten Feldern. Oder die Insel Öland, auf der sogar das Königspaar die vielen Sonnen-

strahlen genießt. Und wenn man schon auf einer Insel ist: Gotland als Hort des mittelalterlichen Schwedens, in dem mit der Mittelalterwoche die Geschichte in den Gassen Visbys lebendig wird. Oder die schier unendlichen Wälder im mittleren und nördlichen Teil des Landes, das von gewaltigen Flüssen durchzogen wird. Hier tost das Wasser mit unbändiger Kraft über Wasserfälle und Stromschnellen, um einige Hundert Meter talabwärts gemächlich durch die Landschaft zu gleiten. Und schließlich das Gebirge, für das die Schweden einen eigenen Begriff gefunden haben: Fjäll. Das bedeutet zwar eigentlich nichts anderes als Gebirge, steht jedoch für die kargen Hochflächen und abgerundeten Gipfel des Nordens, zu deren Füßen die Ureinwohner Schwedens leben: die Sámi. Nach jahrelanger Unterdrückung entdeckt dieses Volk seit den

14

1970er-Jahren seine Identität wieder und kann und darf sie leben. Die Zelt-Nostalgie der Sámi gehört freilich der Vergangenheit an, nicht aber die Rentierzucht. Die halbwilden Haustiere tragen immer noch zu einem großen Teil zum Lebensunterhalt der Sámi bei. Zudem ist Lappland ein Paradies für Wanderer, die im Sarek oder in anderen Nationalparks mit wohlklingenden Namen unterwegs sind. Einmal auf dem »Königsweg« Kungsleden unterwegs gewesen zu sein, ist nicht nur der Traum der meisten Schweden, sondern auch vieler Mitteleuropäer.

»Die Natur macht keine Sprünge«
Diese Grundannahme der griechischen Philosophie und Naturwissenschaft, die sich der berühmte schwedische Naturforscher Carl von Linné im 18. Jahrhundert auf die Fahnen schrieb, lässt sich überall in Schweden beobachten. Die Landschaft Nordschwedens ist mehr als jede andere Region in dem skandinavischen Land ein Produkt der Eiszeit. Bis zu 3000 Meter war der Eispanzer dick, der auf Skandinavien lastete. Die sich langsam bewegenden Gletscher frästen tief in die Täler hinein und hobelten die Spitzen der Berge ab. Sie hinterließen eine Landschaft, die alles andere als eng und bedrängend ist, sondern eine für Mitteleuropäer unglaubliche Weite bietet. Und noch etwas passierte während der Eiszeit: Die Eismassen drückten das Land in die Erdkruste hinunter. Als sie vor rund 10 000 Jahren geschmolzen sind, hob sich die von dieser Last befreite Erdmasse wieder. Und das bisweilen im geologischen Expresstempo, wie an der Höga Kusten an der mittelschwedischen Ostseeküste zu sehen ist. Das Eis zog sich nach Norden zurück. Ihm folgten die Menschen, wie 8000 Jahre alte Funde bei Göteborg beweisen. Bronze- und Eisenzeitmenschen hinterließen in Süd- und Mittelschweden ihre Spuren.

Eine kleine Hütte am Juvuln-See verspricht entspannte Tage (links unten). Auch aus dem Horn der Rentiere (unten) fertigen samische Handwerker ihre Kunstgegenstände (oben).

Holz ist beim Hausbau der Werkstoff erster Wahl, da er wie hier in Bergdala kunstvoll verziert werden kann (oben und unten). Das Klischee vom romantischen Schweden wird an diesem See bei Karesuando (rechte Seite oben) oder auf diesem Feld bei Smedby auf Öland Wirklichkeit (rechte Seite unten).

Hervorzuheben sind die unbekannten Künstler, die in dieser Zeit an der Bohusküste bei Tanum Hunderte Darstellungen von Menschen, Tieren, Booten und Symbolen in den harten Fels ritzten.

Faszinierende Geschichte

Erst um das Jahr 800 betrat das heutige Schweden aus historischer Sicht die Bühne der Welt. Die Wikinger schifften über die Nord- und Ostsee, fuhren auf Flüssen bis weit nach Asien hinein – manchmal räubernd, manchmal handelnd. Am Mälaren, einem verzweigten Seensystem westlich von Stockholm, entstand mit Birka ein zentraler Handelsposten mit beeindruckendem Reichtum, wie sogar ein deutscher Bischof bescheinigte. Gut zweieinhalb Jahrhunderte dauerte diese Episode. Mehrere Hundert Jahre später standen die Schweden dann in Mitteleuropa. Heute ist es schwer vorstellbar, dass dieses zurückhaltende Land einmal eine kriegerische Großmacht war. Doch im 17. Jahrhundert kamen die schwedischen Truppen bis nach Süddeutschland, wurden aber zu Beginn des 18. Jahrhunderts wieder nach Norden zurückgedrängt. Seitdem sind es eher Ideen oder Rohstoffe, die von den Schweden in die Welt exportiert werden und mit denen sich das Land einen guten Namen gemacht hat. Eisen zum Beispiel, das in gewaltigen Gruben in Nordschweden rund um Kiruna gefördert und in den Waggons der Erzbahn ins norwegische Narvik gebracht wird. Oder die Nobelpreise, die auf eine Initiative des schwedischen Dynamit-Erfinders Alfred Nobel zurückgehen. Kriminalgeschichten von Henning Mankell, dessen Anti-Held Kurt

Wallander in der Gegend rund um Ystad in Schonen ermittelt. Und eben Geschichten wie die von Astrid Lindgren, in denen starke Mädchen ganze Pferde in die Luft heben können oder kleine Jungs im Tischlerschuppen neben dem rot-weißen Häuschen Zuflucht suchen.

Nicht immer war es leicht, die schwedischen Top-50 auszuwählen. Klar, Stockholm oder die Bohusküste stehen auf der Liste von Schweden-Liebhabern genauso weit oben wie die Wald- und Seenlandschaft Smålands oder der See Siljan in Dalarna. Gleichwohl ging es auch darum, etwas weniger bekannten Zielen eine Bühne zu bieten. Der Kebnekaise als höchster Berg Schwedens liegt nicht so weit abseits in der Fjäll-Landschaft, als dass ihm nicht ein Wanderer mit ein wenig Kondition nahekommen könnte. Oder die Schlösser und Schären an der Ostküste, die als Kulisse der Inga-Lindström-Filme vielen bekannt sein dürften – auch wenn sie vorher noch nie dort waren. Die hellen Sommernächte sind genau die richtige Zeit, um Schweden zu entdecken. Doch wer das skandinavische Land nur in der warmen Jahreszeit bereist, lernt es lediglich zur Hälfte kennen. Dick eingemummelt in eine Daunenjacke lässt sich das magische blaue Licht der Polarnacht in Lappland genießen – denn es strahlt eine besondere Faszination aus, die nur durch das mystische, grüne und rote, am Himmel tanzende Nordlicht übertroffen wird. Kurz: Es ist nicht nur die schwedische Landschaft, die vielfältig und kontrastreich ist, es sind auch die Jahreszeiten.

Weite Felder prägen die südschwedische Landschaft wie hier bei Ö'Torp (oben) und Smedstorp (großes Bild). Schutz vor dem Wind bieten Bäume, hinter denen sich die verstreut liegenden Gehöfte verstecken. An Stränden wie dem bei Tobisvik (Mitte) blühen im Sommer duftende Heckenrosen. Prächtige Fachwerkfassaden findet man nicht nur in Gamla Ahus (unten).

Schwedens Südspitze – Schonen & Blekinge

1 Zwischen Tradition und Moderne

Öresundregion: Brückenschlag nach Skandinavien

Eine grazile Brücke, ein kurios gestaltetes Hochhaus und ein wuchtiger Dom prägen das Gesicht der Öresundregion. Die zu Schonen gehörende Gegend steht für einen gleitenden Übergang vom dicht besiedelten Mitteleuropa zu den weiten Wäldern Schwedens.

Als am 1. Juli 2000 das erste Auto über die Öresundbrücke fährt, liegen viele Jahre harter Arbeit hinter den Planern und Arbeitern. Denn als die schwedische und die dänische Regierung im März 1991 den Bau einer festen Verbindung zwischen den beiden Ländern über den Öresund vereinbaren, geht es erst einmal ans Planen, bis im August 1995 die ersten praktischen Arbeiten für das von vielen als Jahrhundertprojekt bezeichnete Bauwerk beginnen. Fünf Jahre lang werden Tunnel gebaut, Brückenpfeiler errichtet und sogar eine künstliche Insel aufgeschüttet, um die dänische Hauptstadt Kopenhagen mit der schwedischen Stadt Malmö zu verbinden. Heute präsentiert sich das insgesamt 15 Kilometer lange Bauwerk mit den beiden 204 Meter hohen Pylonen als weithin sichtbares Markenzeichen der gesamten Region. Auf zwei Etagen rollen Autos, Lastwagen und Züge von Dänemark nach Schweden und umgekehrt. Dabei bedeutet die Öresundbrücke nicht einfach nur, dass Schweden nun auf dem Landweg erreichbar ist. Ihr Bau war auch der Impuls für die Geburt einer neuen,

grenzübergreifenden Region: Rund 3,6 Millionen Menschen, von denen viele mittlerweile täglich über die Landesgrenzen hinwegpendeln, leben beiderseits des Öresunds – dem am dichtesten besiedelten Gebiet Nordeuropas.

Malmö: Umtriebige Küstenstadt

Dieser Brückenschlag hat auch in Malmö, Schwedens drittgrößter Stadt, bedeutende Spuren hinterlassen: Das einstige Fischerdorf ist nun weiter an Europa herangerückt und nimmt eine bedeutendere Rolle als Handelsplatz ein. Eine Funktion, welche die am Meer gelegene Stadt schon vor langer Zeit einmal hatte. Zeuge dafür ist das gut befestigte Schloss Malmöhus aus dem 16. Jahrhundert, das einst sogar als Gefängnis genutzt wurde. Es ist umgeben von einem Kanal, auf dem man mit dem Tretboot eine Stadtbesichtigung der besonderen Art machen kann. Die Altstadt von Malmö wird nur durch einen kleinen Park vom Schloss getrennt. Hier findet man beim Stadtbummel am Lilla Torg, einem beliebten Treffpunkt mit Cafés und Kneipen, prächtige alte Steinhäuser mit dicken

Der Büro- und Wohnturm »Turning Torso« überragt die Gebäude von Malmö (oben) und ist Wahrzeichen der Stadt. Eine Reminiszenz an vergangene Zeiten sind diese Verzierungen an einer Fischerhütte im alten Fischerhafen (unten) oder das Telefonhäuschen (rechte Seite).

Holzbalken. Wesentlich ruhiger geht es im »alten Westen«, dem Gamla Väster, zu. Hier mischen sich kleine bunte Hütten, an deren Fassaden Rosen emporwachsen, mit feudalen Wohnhäusern. Und im neuen Stadtteil Västra Hamnen im ehemaligen Hafengebiet, steht seit 2005 das weithin sichtbare Wahrzeichen der Stadt: der Turning Torso, der sich 190 Meter hoch in den schwedischen Himmel windet. Dieses von dem Architekten Santiago Calatravas gebaute spektakuläre Wohnhaus ist nicht nur Schwedens, sondern ganz Skandinaviens höchstes Gebäude. Von seiner Spitze aus blickt man auf das Meer, das große Hafengelände sowie auf die weitläufigen Felder der Region Schonen – und sogar bis nach Lund.

Kirchen- und Studentenstadt Lund

Die kleine Universitätsstadt in der Nähe von Malmö wird wiederum vom Dom überragt. Er steht als Symbol für die Bedeutung, welche die Bischofsstadt einst für die Kirche im Land hatte. Unter nicht weniger als 27 Gotteshäusern und Klöstern hatten die Menschen hier früher die Wahl. Heute verbindet man eher die Universität mit der Stadt. Rund ein Drittel der Einwohner sind Studenten. Entsprechend munter ist das Leben im Schatten der vielen historischen Gebäude, die glücklicherweise Brände und Zerstörungen überstanden haben. Über das Leben in den alten Zeiten kann man sich im Freilichtmuseum mitten in der Stadt informieren. Entspannung verspricht anschließend Kaffee auf dem Stortorget in der Nähe des Doms, ein Treffpunkt und Marktplatz, wo das Flair dieser hübschen Stadt bestens zu spüren ist.

In strahlendem Weiß präsentiert sich das Hauptgebäude der Universität von Lund (oben). Auf Rottöne setzte dagegen der Architekt des Rathauses (1546) von Malmö (Mitte). Jüngeren Datums ist dieser Schuhmacherladen in Malmö (unten). Über einen Kilometer lang ist die Öresundbrücke, die Dänemark mit Schweden verbindet (rechts).

FISCHER IN DER GROSSTADT

Dass Malmö einst ein Fischerdorf war, lässt sich am ehesten entlang der Fiskehamns-gatan in direkter Nähe des Schlosses erkennen. Hier dümpeln kleine Fischerboo-te im Kanal, der die Altstadt umgibt und die Verbindung zum Meer ist. Natürlich hat der Fischfang nicht mehr die Bedeu-tung wie früher. Aber immer noch bekommt man hier frische Delikatessen aus dem Meer, die auch in den Geschäf-ten und zahlreichen Restaurants angebo-ten werden. Malmö, eine Stadt mit mariti-mer Atmosphäre: Das lässt sich nicht nur erleben, sondern auch schmecken.

Der Leuchtturm von Smygehuk (oben) wacht über den südlichsten Punkt Schwedens. Über viele Kilometer erstrecken sich Dünen und Strand bei Sandhammaren (unten) östlich von Ystad.

2 | Geheimnisvolles Schonen

Mörder, Mönche und Mythen

Schon seit Urzeiten leben Menschen in der fruchtbaren Landschaft Südschwedens. Hier findet man geheimnisumwitterte Schiffssetzungen, pittoreske Kirchen und Klöster, Leuchttürme und die Dienststelle von Schwedens bekanntestem Kommissar.

In Südschweden ist das Verbrechen zu Hause – zumindest in den Büchern von Henning Mankell. Dessen Kommissar Kurt Wallander ermittelt in und um Ystad und hat es damit zu weltweiter Berühmtheit gebracht. Nun ist die Realität glücklicherweise friedlicher und Ystad kein Ort, in dem man um sein Leben fürchten muss. Ganz im Gegenteil! Die Gassen in dem idyllischen Städtchen laden zu einem gemütlichen Stadtbummel ein. Dabei läuft man vielleicht durch die Supgränd, die Saufgasse, oder plaudert in der Sladdergatan, die ein besonders geeigneter Platz dafür ist. Schließlich bedeutet dieser Name übersetzt nichts anderes als Tratschgasse. In Ystad war man zurückhaltend mit dem Bagger, weshalb 300 Fachwerkhäuser erhalten geblieben sind – viele davon mit dunklen Balken und roten Ziegelsteinen, die einen prachtvollen Farbkontrast bieten. Ein Bauwerk mitten im Zentrum des freundlichen und umtriebigen Städtchens sticht heraus: das Gråbrödraklostret. Dieser Vorposten der Christianisierung war das Domizil von Mönchen des Graubrüder-Ordens und ist das älteste erhaltene Kloster Schwedens. Seine

Ursprünge gehen auf das 13. Jahrhundert zurück. Jedoch wurde es im Laufe der Jahrhunderte erweitert, diente später sogar als Hospital, Schnapsbrennerei und Müllkippe – und hätte beinahe das 20. Jahrhundert kaum überstanden. Nach Protesten verzichtete man glücklicherweise 1901 darauf, das historische Bauwerk abzureißen.

Schiff aus Stein

Noch viel älter ist ein steinernes Dokument wenige Kilometer südöstlich von Ystad. Was genau die Altvorderen mit diesem Denkmal bezweckten, das ist bis heute unklar. Gleichwohl blickt man staunend auf die 58 bis zu zwei Meter hohen und fünf Tonnen schweren Steine, die an der Steilküste bei Kåseberga ein riesiges Schiff darstellen – die sogenannten »Ales stenar«. Ganze 67 Meter lang und 19 Meter breit ist der so symbolisierte Kahn. Mystisch ist die Stimmung, wenn der Nebel vom Meer aufs Land zieht, aber auch in der Morgen- oder Abenddämmerung. Wurde hier eine bedeutende Persönlichkeit unter die Erde gebracht? Ein Grab hat man bisher nicht gefunden. Oder zelebrierte man

hier religiöse Feiern? Vielleicht. Auffallend ist zumindest, dass die beiden Steven-Steine an den Sonnenwendterminen auf die Punkte des Sonnenaufgangs zeigen. Letztlich weiß man nicht einmal sicher, wann die Steine in den Boden gerammt wurden. Neueste Forschungen gehen davon aus, dass sie aus der Zeit 600 n. Chr. datieren. Die Wikinger kann man bei dieser Schiffssetzung noch nicht ins Spiel bringen. Gleichwohl hat das nordische Volk auch in Schonen seine Spuren hinterlassen. Runensteine künden von den Taten und Überzeugungen ihrer Häuptlinge, von Besitzungen und Streitereien. In der Zeit zwischen etwa 800 und 1100, die man den Wikingern zuschreibt, gab es in Schonen kleine Dörfer, deren Bewohner zu großen Teilen von der Landwirtschaft lebten. Wie dies in der Praxis ausgesehen haben mag, lässt sich in Foteviken in

der Nähe von Malmö erleben. Denn im einzigen nachgebauten Wikingerdorf Skandinaviens kann man Wikinger auf Zeit werden – man schlüpft in Wikingertrachten, isst Wikingerspeisen und kann auch die Spiele und Kämpfe des Seefahrervolkes nacherleben, dessen Ansehen so zwiespältig ist. Immer noch streiten sich Historiker darüber, ob die Wikinger rohe Räuber oder geniale Seefahrer mit großem Wissen waren. Oder beides?

Gefährliche Küste

Sicher ist jedoch, dass die Wikinger sehr wohl um die Bedeutung von Leuchtfeuern und die Tücken der Küste wussten – vor allem an Schwedens südöstlichstem Zipfel Sandhammaren, wo die Strömungsverhältnisse im Meer besonders gefährlich sind. Hier steht noch heute der Leuchtturm aus dem Jahr 1862, dessen immer wieder aufblitzendes Leucht-

Vor langer Zeit wurden an der Küste bei Kåseberga die »Ales stenar« in Form eines Schiffes aufgestellt (links).
Die kleinen Orte an der schwedischen Südküste sind ein Paradies für Freunde pittoresker Städtchen, wie diese Häuser in Simrishamn (oben) und Ystad (unten) zeigen. Ebenso reizvoll ist die Kirche von Simrishamn (Mitte).

Mit viel Fantasie wurde dieser Hauseingang in Gamla Ystad geschaffen (oben). Eine Möwe hofft auf einen Happen (Mitte), den ein Fischer aus Simrishamn in seinem Netz aus dem Meer gezogen hat (unten). In dem Hafenstädtchen war einst die größte Fischereiflotte Schwedens beheimatet (rechts).

signal ein wichtiger Orientierungspunkt und bisweilen vielleicht ein Hoffnungsschimmer für Seeleute ist. Zwischen 1855 und 1945 gab es hier auch eine Rettungsstation, der in dieser Zeit immerhin knapp 1500 Seeleute ihr Leben verdankten. Wer heute hier entlang schlendert, ein Sonnenbad genießt oder Sandburgen baut, kann sich kaum vorstellen, dass das Meer vor seinen Augen Schwedens größter Schiffsfriedhof ist. Denn mit seinem weißen und feinkörnigen Sand gilt Sandhammaren als einer der schönsten Strände des Landes. Am Fuß des Leuchtturms breitet sich eine grandiose Dünenlandschaft aus. Große Teile sind mittlerweile mit Kiefern bewachsen, die sich mit ihren Wurzeln im labilen Untergrund verankern und dieser überaus flüchtigen Landschaft Halt geben. Doch am Strand, wo bei Sturm die Ostseewellen heranrollen und Windstöße den Untergrund aufwirbeln, da können sich nur ein paar Gräser und Blumen halten, die sich mit dem salzhaltigen Wasser und der heranspritzenden Gischt arrangieren können. Bei schönem Wetter lässt sich die Strandlandschaft am besten barfuß mit allen Sinnen erfassen – oder bei einem Bad im kühlen Nass. Zu den wichtigsten Sehenswürdigkeiten des Landes zählt auch die Festung Glimmingehus zwischen Ystad und Simrishamn, deren Grundstein 1499 von einem dänischen Ritter gelegt wurde. Glimmingehus ist der älteste Profanbau Schonens und die am besten erhaltene mittelalterliche Burg Schwedens – auch wenn der schmucklose, aus groben Steinblöcken gebaute Klotz weder Türme noch Zinnen aufweisen kann.

Heute dient er als mittelalterliches Zentrum und lebendiges Denkmal für die Geschichte der Region.

Simrishamn – historische Zeugen der Fischindustrie

Nicht weit vom Glimmingehus entfernt befindet sich die kleine Stadt Simrishamn mit ihrem unverwechselbaren

Charme. Charakteristisch sind die niedrigen Häuser mit ihren pastellfarbenen Fassaden, welche die kopfsteingepflasterten Gassen säumen. Anheimelnd sind auch die Kirche St. Nikolai aus dem 12. Jahrhundert und die Häuser der Kaufleute, die überwiegend ab dem 18. Jahrhundert gebaut wurden. Vor allem aber ist Simrishamn eine Hafenstadt.

Denn hier befindet sich einer der wichtigsten Fischereihäfen des Landes – kein Wunder also, dass selbst im Stadtwappen das Schuppentier zu finden ist. Über allem liegt ein leichter Geruch nach Seetang und Fisch, und auch der Klang vom Hämmern und Nieten auf der Schiffswerft ist noch bis über die Holzhäuser am Hafen hinweg zu hören.

STRANDLÄUFER

Von Simrishamn bis Baskemölla sind es gerade einmal fünf Kilometer. Eine gute Stunde Gehzeit würde ein geübter Wanderer dafür veranschlagen. Doch es wäre schade, sich für diese Strecke nur so wenig Zeit zu nehmen. Da wäre zuerst der lange Sandstrand von Tobisvik. Badezeug an und hinein in das erfrischende Wasser: So könnte eine erste Pause schon nach wenigen Metern aussehen. Aber auch bei kühlem Wetter hat der Strand seinen Reiz, wenn die Meereswellen heranrollen. Ein paar Hundert Meter weiter ändert sich abrupt die Landschaft: Nicht mehr Sandstrand, sondern Felsen bestimmen den Küstenabschnitt. Rund gewaschen sind sie von den Ostseewellen, die unablässig an das Ufer klatschen und besonders bei Sturm für ein beeindruckendes Schauspiel sorgen, wenn die Gischt viele Hundert Meter hoch in die Luft steigt. Am Ende der Strandwanderung liegt der Fischerort Baskemölla mit seinem netten Hafen, in dem kleine Boote in den Wellen leicht auf- und abschaukeln.

3 | Karlskrona – Kulturerbe an der Südostküste

Krieg & Spionage in Blekinge

Noch bei Simrishamn prägen kilometerlange Sandstrände das Bild. Ganz anders sieht es etwas weiter nördlich aus: Das Inselgewirr an der Küste vor Karlskrona bietet Schutz vor Angriffen. Deshalb wurde hier vor Jahrhunderten ein Marinehafen gebaut, der heute zum Weltkulturerbe gehört.

Karlskrona ist der bedeutendste Militär-hafen Schwedens (oben). Das Inselreich vor der Stadt war die Kulisse der U-Boot-Affäre, wird aber auch gerne von Frei-zeitkapitänen durchkreuzt (unten). Über die mittelalterliche Brücke von Tobisvik rumpelten früher die Karren und Kut-schen der Händler (rechte Seite unten).

Die Sandstrände, die sich nördlich und südlich von Simrishamn erstre-cken, sind ganze 50 Kilometer lang – jeder mit eigenem Charakter. Bei Tobis-viksheden beispielsweise ist der rosa schimmernde Sand runder und grobkör-niger als andernorts. Zudem kann Tobis-vik mit einer ungewöhnlichen Fauna aufwarten, die es sonst nirgendwo auf der Welt gibt: zwei Strudelwürmern, einem Nematoden und einem kleinen Springkrebs. Hier mündet außerdem der kleine Fluss Tommarpsån in die Ostsee, und wer seinem Lauf ein wenig ins Lan-desinnere folgt, findet eine wunderschö-ne Fußgänger-Steinbrücke, deren Wur-zeln wahrscheinlich bis in das Mittelalter zurückreichen.

Dänischer Einfluss

Vermutlich hatten beim Bau der Brücke die Dänen ihre Finger im Spiel, denn sowohl Schonen als auch die Provinz Blekinge gehörten bis ins 17. Jahrhun-dert zum dänischen Hoheitsgebiet.

Nach dem Zweiten Nordischen Krieg und dem Frieden von Roskilde im Jahr 1658 musste Dänemark aber seine Besit-zungen in Schonen und Blekinge räu-men. Doch der dänische Einfluss ist immer noch zu spüren. So unterscheidet sich der im südlichsten Schweden gesprochene Dialekt erheblich vom Schwedisch in anderen Teilen des Lan-des. Ein deutlicher dänischer Einschlag ist nach wie vor vorhanden. Zu sehen ist der dänische Einfluss ebenfalls am Bau-stil – auch wenn in Blekinge davon nicht mehr allzu viel übrig geblieben ist. Denn die Landschaft in der ehemaligen Grenz-region zwischen Dänemark und Schwe-den war oft Schauplatz von heftigen Auseinandersetzungen. Städte und Bau-ernhöfe wurden sowohl von dänischen als auch von schwedischen Soldaten geplündert und niedergebrannt.

Weltkulturerbe Karlskrona

Stattdessen gibt es in Blekinge aber Sehenswertes der jüngeren, der schwe-

28

dischen Geschichte: Im Zuge der »Schwedisierung«, aber auch aus handels- und militärstrategischen Gründen, wurde im 17. Jahrhundert die Stadt Karlskrona gegründet, die phasenweise sehr große Bedeutung hatte. Zwar geht es hier heute recht beschaulich zu, aber zu Beginn des 18. Jahrhunderts war Karlskrona immerhin die zweitgrößte Stadt des Reiches – angelegt auf Geheiß von Karl XI., der sich auf rund 30 kleinen und größeren Schären einen Marinehafen einrichtete. Noch heute bildet der große Marktplatz auf der Hauptinsel das Zentrum der Stadt. An seinem Rand stehen mit der Dreifaltigkeitskirche sowie der Fredriks-Kirche zwei bedeutende Gotteshäuser, die vom berühmten Baumeister Nicodemus Tessin d. J. (1654–1728) errichtet wurden. Hinzu kommen prächtig ausgestattete Militärgebäude und die größte Holzkirche Schwedens auf der zum Stadtkern gehö-

renden Insel Trossö. Bekannt geworden ist Karlskrona außerhalb Schwedens durch die sogenannte U-Boot-Affäre in den achtziger Jahren des 20. Jahrhunderts – ausgelöst durch ein sowjetisches U-Boot, das im Oktober 1981 in den Schären vor Karlskrona auf Grund lief. Auch in der Folgezeit kreuzten immer wieder fremde U-Boote in den hiesigen Gewässern. Ziel der Observationen war der wichtigste Stützpunkt der schwedischen Marine, der bereits Ende des 17. Jahrhunderts eingerichtet worden war und heute auf der Liste des Weltkulturerbes steht. Er war seeseitig von einer Reihe Inseln geschützt, die lediglich an wenigen Stellen Durchschlupf für Schiffe gewährten. Auf diesen Inseln schüttete man Erdwälle auf, baute an den Zufahrtswegen Festungen wie das Kungsholms Fort und das Kastell Drottningskär. Diese militärische Vergangenheit der Stadt ist heute nach wie vor präsent.

IDYLL MIT KREUZ

Typischer kann man sich eine Kirche in Schonen kaum vorstellen. Von Getreidefeldern umgeben und verdeckt von ein paar Bäumen steht auf einem Hügel am Rand des kleinen Dorfes Ravlunda ein hübsches Gotteshaus mit weiß gekalkter Fassade, einem roten und grauen Dach sowie einem Treppengiebel. Und das schon seit über 700 Jahren! Im Chor und in den Apsiden sind sogar noch Reste von Kalkmalereien erhalten. Kurios ist die Inschrift auf dem Grabstein des Autors Fritiof Nilsson Piraten (1895–1972) auf dem Friedhof vor der Kirche. Sie lautet: »Hier unten liegt die Asche eines Mannes, der alles auf morgen zu verschieben pflegte. Auf seine alten Tage besserte er sich jedoch und starb tatsächlich am 31. Januar 1972.«

Fruchtbarer Boden und mildes Klima machen Schonen zur Speisekammer Schwedens. Bekannt im ganzen Land sind die Äpfel aus Kivik (oben und Mitte). Baumalleen führen zu den Dörfern und Gehöften (rechts).

4 Die Speisekammer Schwedens

Land in Bauernhand

Weite, vom Wind gestreichelte Felder, grüne Wälder mit Frühlingsblumen, dazu große Bauernhöfe und idyllische Dörfer: das ist Schonen, der südlichste Landstrich Schwedens.

In Schweden hält sich die Redensart, dass Gott Schonen geschaffen habe, um den Schweden zu zeigen, wie Mitteleuropa aussehe. So ganz ernst ist das vielleicht nicht gemeint. Aber etwas Wahres ist an dieser Aussage sicherlich dran. Denn eigentlich ähnelt diese Landschaft mit ihren lichten Laubwäldern, weiten Feldern, über die Feldflur verteilten Höfen und den kleinen Dörfern eher an Dänemark oder Norddeutschland. Das Schweden der Wälder und Seen, das beginnt erst weiter nördlich, in Småland. Einige Zahlen verdeutlichen den Eindruck, der bei der Fahrt durch Schonen entsteht: Die Region weist rund ein Viertel der schwedischen Anbaufläche auf. Große Teile des im Land angebauten Obstes wachsen auf

den verschiedenen Bäumen oder Sträuchern am südlichsten Zipfel Schwedens.

Grab als Steinbruch

Kivik, ein kleiner Ort an der Ostküste, ist das Apfelanbaugebiet des Landes. In langen Reihen stehen hier die Bäume auf den Wiesen. Und was nicht frisch gegessen oder zu Apfelsaft und Apfelkuchen verarbeitet wird, endet als vergorener Cidre. Im örtlichen Apfelmuseum sind rund 70 verschiedene Apfelbaumsorten ausgestellt. Zudem erfährt man viel Wissenswertes über den Apfel an sich und den Apfelanbau in Schweden. Dass das Land ideal ist für Ackerbau und Viehzucht wussten auch schon die früheren Bewohner der Gegend. Bei Kivik wurden an der Ostseeküste 3000 Jahre alte Gräber gefunden. Das ist eigentlich nichts Besonderes, wimmelt es doch in ganz Südschweden von Grabstätten der Altvorderen. Was das Grab von Kivik jedoch ausmacht, ist dessen pure Größe und Aussehen. Wie ein überdimensionaler, umgedrehter Suppenteller aus Tausenden von Geröllen liegt es auf der Wiese. Sein Durchmesser beträgt stattliche 75 Meter. Für einen gewöhnlichen Bauern oder Jäger dürfte eine solche

Bestattung zu aufwendig gewesen sein, weshalb man davon ausgeht, dass hier zumindest ein König, vielleicht auch ein Prinz oder ein Stammesfürst seine letzte Ruhe gefunden hat. Genaueres weiß man nicht, da das sogenannte Königsgrab den Menschen in der Umgebung lange Jahre als bequemer Steinbruch diente. Als Mitte des 18. Jahrhunderts zwei Bauern eine Grabkammer entdeckten, buddelten sie diese in der Hoffnung auf einen unentdeckten Schatz aus. Ob sie dabei zu Reichtum kamen, ist unklar. Sicher ist jedoch, dass dabei die Grabkammer mitsamt ihren in Steinplatten geritzten Verzierungen leider teilweise zerstört wurde.

Buntes Markttreiben

Doch in Kivik lebt man nicht nur im Gestern. Man weiß zu feiern. Schließlich geht hier in jedem Sommer der größte Markt Schwedens über die Bühne. Über 100 000 Besucher strömen im Juli zum »Kiviks Marknad« in den kleinen Ort. Dabei hat dieser Markt eine Tradition, die bis in die Hansezeit zurückreichen soll. Für die Menschen der Umgebung bedeutete der Markt früher eine willkommene Abwechslung vom harten Alltag. Zuckerstangen wurden an den diversen Ständen angeboten, auch Puppen und hölzerne Pferde, Besen und Socken, Wagenschmiere und vieles mehr. Und natürlich Obst. Und das

Gute Ernten (links) haben der Region Wohlstand gebracht, der sich auch in den prächtigen Höfen manifestiert (oben, Mitte und unten).

sowohl frisch und fest als auch zu Marmelade oder Hochprozentigem verarbeitet. Aber auch die Fahrt über kleine Straßen durch das allenfalls hügelige Land bringt viele kleine Entdeckungen. Große Höfe zum Beispiel, die sich hinter Baumreihen vor dem Wind schützen, der bisweilen recht heftig bläst und dann den Staub der Felder durch die Landschaft trägt. Die meisten Bauernhäuser sind im Fachwerkstil gebaut, der in anderen Gebieten Schwedens kaum anzutreffen ist. Mit schwerem Gerät werden die guten Böden unter den Pflug genommen, gewaltige Mähdrescher fahren zur Erntezeit über die weiten Felder. Das Getreide wurde früher in Windmühlen gemahlen, von denen heute noch etliche erhalten sind und wie ein Symbol für eine längst vergangene Epoche der Landwirtschaft stehen.

Windmühlen, Schlösser und Klöster

Wie Landwirtschaft anno dazumal funktionierte, ist im Museums-Bauernhof von Östarp zu sehen. Da klappert die Mühle am rauschenden Bach oder die Windmühle im Wind, es muhen Kühe und blöken Schafe. Wie früher ziehen Pferde den Wagen über die Kieswege oder den Pflug über den Acker. Es gibt Speisen und Getränke nach alten Rezepten, dazu

Im Frühjahr liegt der Duft blühender Rapsfelder über der Landschaft (oben). Rot blühende Wiesenkräuter bilden dazu einen farbenfrohen Kontrast (Mitte). In einem Tümpel lauert ein Blaufrosch auf Beute (unten). In zahlreichen Gutshöfen (rechts) stehen auch Islandpferde für einen Ausritt bereit (rechte Seite oben).

Handwerksgegenstände, wie sie damals gefertigt wurden. Ein idealer Platz, um die noch gar nicht so weit zurückliegende Vergangenheit zu erleben. Denn das, was in Östarp so weit zurückliegend erscheint, ist gerade einmal 100 bis 200 Jahre alt. Der Reichtum der Gegend spiegelt sich vor allem auch in den vielen alten Schlössern wider, die auf den Hügeln und an den Bächen und Seen Schonens stehen. Gärsnäs, Kronovall, Christinehov: Sie sind Beispiele für prächtige Bauwerke, die von den Adeligen im südlichsten Teil Schwedens errichtet wurden. Noch heute sind viele Schlösser im Privatbesitz und für die Öffentlichkeit nicht zugänglich. Und natürlich war auch die Kirche bereits früh in diesem Landstrich vertreten. Das Bosjökloster, im Zentrum von Schonen gelegen, wurde bereits 1080 von den Benediktinern gegründet.

Nicht einmal 100 Jahre später folgten die Zisterzienser ihren Brüdern und bauten bei Ljungbyhed eine eigene Anlage: das Herrevadskloster. Dabei sollte man sich immer vor Augen halten, dass diese Zeit das Ende einer kurzen Epoche war, die von den Wikingern geprägt wurde und für den Übergang von der Natur- zur christlichen Religion steht.

Der Reiz liegt im Detail

Typisch für Schonen sind neben den über den gesamten Landstrich verteilten Gehöften die kleinen, oft sehr pittoresken Dörfer. Das typische rot-weiße Holzhäuschen wird hier jedoch oft durch roten Klinker ersetzt. Gut sichtbar ist das in Borrby, einem Ort ganz in der Nähe der Küste. Und selbst wenn es hier keine Berge zu erklimmen gibt: Es lohnt sich, das Auto einmal stehen zu lassen und in die Wanderstiefel zu steigen. Das kann an einem der vielen Strände sein, aber auch mitten im Land.

Die Hügel von Brösarp sind bekannt für ihre Blumenpracht und durchaus eine längeren Spaziergang wert. Ebenso lohnen die schonen Laubwälder bei Degeberga einen Ausflug. Besondere Aufmerksamkeit genießt hier der Wasserfall von Foraker, der es zwar nicht mit seinen Pendants in Norwegen aufnehmen kann, aber in der eher flachen südschwedischen Landschaft etwas Besonderes darstellt. Der Reiz Schonens liegt im Detail.

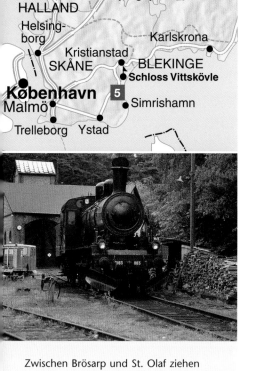

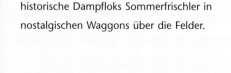

Zwischen Brösarp und St. Olaf ziehen historische Dampfloks Sommerfrischler in nostalgischen Waggons über die Felder.

5 Unter Dampf

Ein wenig Nostalgie? Bitte einsteigen! Der Zug fährt ab! Ab Brösarp in diesem Fall, einem kleinen Ort ein paar Kilometer von der schwedischen Ostseeküste entfernt. Der Bahnhof – ein roter Ziegelbau mit rotem Dach und großer Bahnhofsuhr – versteckt sich im Wald etwas außerhalb des Ortes. Im Sommer warten hier die Züge der Österlen-Dampfbahn auf Fahrgäste. Dicke Dampfschwaden steigen von den bis zu hundert Jahre alten, tiefschwarzen Lokomotiven auf, dann ein schriller Pfiff und los geht die Fahrt in der Museumsbahn. Schwer schnaufend setzt sich der Zug in Bewegung, nimmt Fahrt auf, durchquert ein Wäldchen und kommt in die weite, hügelige Feldflur hinaus. Er passiert kleine Dörfer und einzelne Höfe, dann wird der Zug langsamer und erreicht nach 35 Minuten den Bahnhof von St. Olof, die Endstation. Die Strecke war einst Teilstück der Eisenbahnlinie von Ystad nach Brösarp, auf der 1901 die ersten Züge schnauften. Das Aus für den Zugverkehr nach Ystad kam 1971, als die Schwedische Eisenbahngesellschaft SJ den Betrieb auf der Strecke einstellte. Im gleichen Jahr startete die Museumsbahn auf dieser Strecke, um dem Charme der alten Lokomotiven und Waggons wieder Leben einzuhauchen.

6 Schloss Vittskövle

Das Schloss Vittskövle mit seiner roten Fassade und den beiden Backsteintürmen gehört zu den am besten erhaltenen Renaissancebauten Schwedens und ist mit seinen rund hundert Räumen gleichzeitig das größte Schloss Schonens. Es wurde Mitte des 16. Jahrhunderts auf Geheiß des Adligen Jens Brahe gebaut. Bis zur Eroberung des damals zu Dänemark gehörenden Landstrichs durch Schweden im Jahr 1658 war das Gebäude mit Kanonen bestückt und diente als Festung. Nach mehreren Umbauten hat das Gebäude heute einen weitaus friedlicheren Charakter. Rund um das Schloss wurden im 18. Jahrhundert ein Wassergraben und ein Park angelegt. In der benachbarten Kirche aus dem 13. Jahrhundert sind Kalkmalereien erhalten geblieben, welche die Schöpfungsgeschichte darstellen. Sie werden dem Vittskövle-Meister Nils Håkansson zugeschrieben. Auch literarisch fand das Schloss Erwähnung: Die bekannte schwedische Autorin Selma Lagerlöf hat in ihrem Roman »Die wunderbare Reise des kleinen Nils Holgersson mit den Wildgänsen« dem Schloss Vittskövle eine Episode gewidmet. Eine spannende noch dazu, in der die Hausgans Martin in den Topf der Schlossköche wandern soll. Doch er hat Glück und die Reise geht weiter …

Im Wassergraben von Schloss Vittskövle (rechte Seite) blühen im Sommer farbenprächtige Seerosen (oben).

Dort, wo an der Bohuslänküste einst das Meer war, stehen heute rote Schwedenhäuschen (oben). So wie hier in Smögen (Mitte) oder Hamburgsund (unten) bietet die Schärenküste mit ihren unzähligen Buchten den Booten Schutz. Die kleinen Schäreninseln vor Smögen sind ein beliebtes Touristenziel (großes Bild).

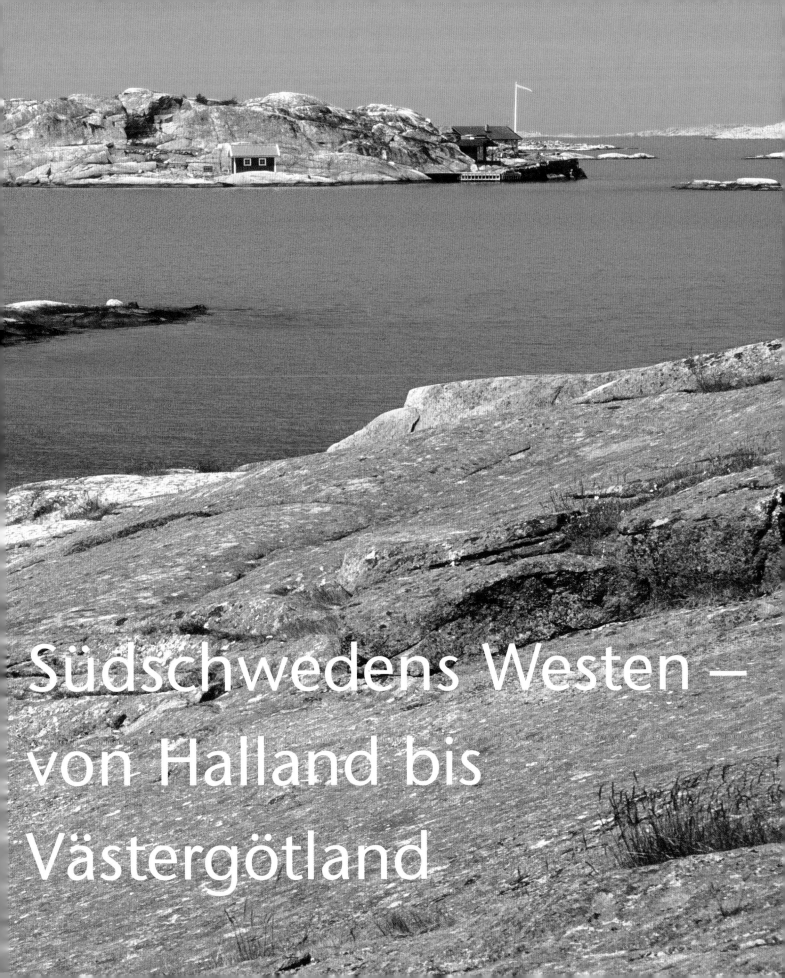

Südschwedens Westen – von Halland bis Västergötland

Helsingborg war einst eine wichtige dänische Hafenstadt (oben), über dessen Rathaus heute die schwedische Flagge weht (unten). Trutzig thront die Festung Karlsten über den Häusern von Marstrand (rechte Seite oben). Wo die Wogen an das Ufer rauschen, kann sich keine Pflanze halten (rechte Seite unten).

7 Südwestküste – lange Sandstrände, Klippen & Felsinseln

Badeorte im Schutz historischer Burgen

Lange Sandstrände oder kleine felsige Buchten? An der Westküste der Provinzen Schonen und Halland hat man die Auswahl. Hinzu kommen Burgen, die Zeugen des nicht immer friedlichen Miteinanders zwischen Schweden und Dänen sind.

Der Hafen von Helsingborg ist das Erste, was viele Touristen von Schweden sehen. Über die Vogelfluglinie von Fehmarn nach Rødby sind sie gekommen, ein Stück durch Dänemark gefahren, um dann die letzten Kilometer über den Öresund geschippert zu werden. Und trotz der Brückenverbindung im Süden werden die Fährschiffe noch immer gut genutzt: Denn eine Schiffsfahrt ist sicherlich nicht die schlechteste Art, um in ein Land mit so viel Wasser zu reisen. Einst hatten in Helsingborg die Dänen das Sagen – Helsingborg war sogar eine der wichtigsten dänischen Städte – doch nun weht die schwedische Flagge schon lange über den Türmen des prächtigen Rathauses. Einige alte Häuser haben die Kriege der Schweden mit den Dänen sogar überstanden. Ansonsten wird das Stadtbild geprägt von Prunkbauten der Neugotik und vom Jugendstil, aber auch von moderner Architektur. Von der ursprünglichen Burganlage, die der Stadt ihren Namen gegeben hat, ist jedoch nur der Burgturm erhalten geblieben. Schade eigent-

lich, dass viele Touristen von Helsingborg nur den Hafen und den Weg zur Autobahn kennen – also nordwärts, hin zu weiten Sandstränden und zum Badevergnügen.

Strände für Mensch und Tier

Auf der Insel Hallands Väderö im Nordwesten der Provinz Schonen genießen nicht nur die Seehunde das Bad im kühlen Nass. Mit leisem Platschen gleiten die Tiere, die hier in der Kolonie eine Heimat gefunden haben, von den Felsen ins Wasser, tauchen unter und gehen auf Fischjagd. Schon seit 1958 steht die Insel unter Naturschutz. Und das nicht nur wegen der Seehunde. Im Süden des knapp drei Kilometer langen und einen Kilometer breiten Eilands gibt es an der Vinga Skär ein Vogelschutzgebiet, in dem Seeschwalben, Möwen und Alken brüten. Die Insel ist eine Fortsetzung des Hallandsåsen, eines Hügelzugs, der die natürliche Trennlinie zwischen den Provinzen Schonen und Halland bildet. Bis auf 226 Meter steigt das Gelände hier an und unterscheidet sich deshalb

Im Schutz der Felsen an der Bohuslän-Küste gedeihen zahlreiche Gewächse (oben), darunter auch Stiefmütterchen (Mitte). Eine unübersehbare Wegmarke ist der Leuchtturm von Marstrand (unten). Schon seit Generationen gehen Badefreunde am mondänen »Kallbadhus« bei Varberg ins Wasser (rechte Seite unten).

erheblich von der ansonsten durchgängig flachen Landschaft. Nur wenige Kilometer nördlich des Hallandsåsen, südlich der Stadt Halmstad, schließt sich Schwedens längster Sandstrand an. Auf zwölf Kilometern Länge können Sonnenanbeter hier Sandburgen bauen, die Ruhe genießen und baden. Denn in der geschützten, flachen Bucht erwärmt sich das Wasser sehr schnell. So verwundert es nicht, dass Mellbystrand ein beliebter Urlaubsort ist. Doch dicht an dicht muss hier niemand liegen.

Varberg – Badeort im Schatten der Burg

Wehrberg. Daher, so behaupten zumindest einige Sprachforscher, komme der Name Varberg. Andere meinen, dass der Begriff Varberg eher »Wachtberg« bedeutet. Ob das nun stimmt oder nicht: Tatsache ist, dass auf der Klippe am Kattegatt oberhalb des Hafenstädtchens Varberg schon im 13. Jahrhundert eine kleine Burg stand. Heute blickt man dagegen auf eine gewaltige Wehranlage, die im Lauf der Jahrhunderte zu einer der stärksten Festungen Nordeuropas ausgebaut wurde. Rund 1000 Bauern wurden Anfang des 17. Jahrhunderts rekrutiert, um hier die dicken Mauern und Erdwälle zu errichten. Ironie der Geschichte: Nachdem die Burg verstärkt worden war, wurde Frieden zwischen den beiden verfeindeten Nationen Schweden und Dänemark geschlossen. Kein einziger Schuss wurde mehr von der Burg von Varberg abgegeben. Wesentlich friedlicheren Zwecken als die Festung diente das Kaltbadehaus von Varberg. Mittlerweile spaziert man über die schönen Holzbohlen des dritten Kalt-

badehauses. Mitte des 19. Jahrhunderts schipperten die ersten Dampfboote an der schwedischen Westküste auf und ab. Die Menschen begannen zu reisen und bekamen auch Lust auf das Bad im Meer. Doch so einfach wie heute war das früher nicht. Schließlich ging man nicht nur mit Badehose oder Badeanzug ins Wasser, sondern trug mehr Stoff auf der Haut. Also gründeten die Varberger eine Badeortsgesellschaft und bauten 1864 auf in das Meer gerammten Holzpfählen ein erstes Kaltbadehaus. Diese erste Holzkonstruktion wehte jedoch bereits 20 Jahre später ein Sturm ins Meer. Das zweite Badehaus, an derselben Stelle gebaut, wurde 1902 Opfer des sogenannten Weihnachtssturms. Doch bereits ein Jahr später baute man ein neues Kaltbadehaus. Dies wurde zwar zwischenzeitlich modernisiert, vermittelt mit seiner prächtig gestalteten Fassade mit orientalischen Elementen aber immer noch das Gefühl, wie unsere Urururgroßväter und -mütter baden gingen. Die fantastische Aussicht über das Kattegat ist dabei inklusive.

Hinein in das Schärenreich

Nördlich von Varberg verändert die halländische Küste ihr Aussehen. Nicht mehr lang gestreckt und mit ausgedehnten Sandstränden, sondern mit vielen kleinen Buchten und Klippen präsentiert sich hier die Landschaft. Sie gibt einen Vorgeschmack auf das, was nördlich von Göteborg an der Bohusküste bis hinauf zum Oslofjord zu erwarten ist: die Schärenküste, die zu den schönsten und vielseitigsten Gegenden Schwedens gehört. Und gleich an ihrem südlichen Ende liegt ein beliebter Ferienort – das

St. Tropez Schwedens. So hat man Marstrand schon genannt. Was die Noblesse der südfranzösischen Stadt angeht, kann man zwar hier nicht mithalten, betrachtet man allerdings die Zahl der Bootsanleger, dann dürften die Unterschiede zu St. Tropez nicht sehr groß sein. Jacht an Jacht, Motorboot an Motorboot liegen im Sommer eng aneinander. Dann brummt es in dem Ferienort: südländische Fröhlichkeit unter einer nordischen Sonne, die kaum untergehen will. Die Auswahl der Kneipen und Restaurants, Souvenirläden und Eisdielen ist groß. Wer es etwas ruhiger liebt, der packt den Picknickkorb und läuft ein paar Meter hinaus auf die Schäreninsel Koön, sucht sich eine einsame Bucht, einen schönen Felsen und blickt hinaus auf das Meer. Oder alternativ: Er steigt hinauf auf den Hügel, auf dem hoch

über Hafen und Häusern die Festung Carlsten thront. Ein gewaltiges Bauwerk, das die einstige Bedeutung von Marstrand als Handelsplatz unterstreicht, da hier der Hafen im Winter nur selten zufror. Für den Bau der Burg gab es nicht genug Steine, sodass das Baumaterial mit Schiffen herbeigeholt und auf die Klippe gebracht werden musste. Das machte niemand freiwillig, weshalb Strafgefangene Hand anlegen mussten – was als Marstrandstrafe in die schwedische Gesetzgebung einging. Je dicker die Mauern der Festung wurden, desto friedlicher wurden die Zeiten. Die letzten Soldaten zogen jedoch erst 1991 ab. Zuletzt hatte man von der alten Festung aus mit moderner Technologie den Himmel über Schweden überwacht. Doch das ist vorbei, das Bollwerk gehört nun den Touristen.

STRANDSEGLER BEI MELLBY

Strände, an denen schon am frühen Morgen die Liegen und Decken ausgebreitet werden, um den Platz an der Sonne zu reservieren. Der Duft nach Sonnencreme, der von den Nachbarn rüberweht und gar nicht dem eigenen Geschmack entspricht. All das gibt es am Strand von Mellby nicht. Wer zwölf Kilometer bestes Sandrevier hat, der kann den Strand als riesigen Spielplatz nutzen, auf dem sich jeder nach eigenem Gusto austoben kann. So preschen hier bei günstigen Windverhältnissen Strandsegler mit enormem Tempo über den Sand, pflügen geschickt durch das niedrige Wasser. Es wird Volleyball und Fußball gespielt. Und natürlich auch gebadet. Nach so viel Sport tut Abkühlung gut, und für die romantische Stimmung sorgen am Abend einmalig schöne Sonnenuntergänge.

8 Göteborg – die maritime Schönheit

Schwedens größte Hafenstadt

Weltoffen gibt man sich in der zweitgrößten Stadt Schwedens. Schließlich hat man mit den Fremden viel Erfahrung. Der Seehandel brachte der Stadt Reichtum und viele Einflüsse aus fernen Ländern. Das spiegelt sich beim Besuch der Stadt und ihrer Sehenswürdigkeiten wider.

Das markante Hochhaus am Hafen nennen die Göteborger augenzwinkernd »Lippenstift« (oben). Am 30. Juni gehen die Abiturienten auf die Straßen – wie hier diese drei Damen aus Göteborg (unten). Am Rand des Zentrums der Hafenmetropole liegt das gemütliche Stadtviertel Haga mit vielen kleinen Geschäften (rechte Seite unten).

Und jetzt: Ducken! So eine Göteborg-Stadtrundfahrt kann eine sportliche Veranstaltung werden, wenn man mit einem der sogenannten Paddan-Boote unterwegs ist. Wie einen Organismus die Blutgefäße, so durchziehen Kanäle das Herz der Hafenstadt an der schwedischen Westküste. Einst dienten sie dazu, die auf Sumpfland gebaute Stadt zu entwässern. Heute sind sie ein angenehmer Anblick im Stadtbild. Und ihre Zickzackform ist kein Zufall. Der Wassergraben schützte einst die dahinter liegende Bastion vor Angriffen. Paddan, das heißt Schildkröte. Und ähnlich flach wie diese Reptilien müssen Boote sein, die unter den Brücken der Stadt hindurchfahren möchten. Manchmal eben so flach, dass man sich in aufrechter Haltung den Kopf an der Brücke anschlagen würde. Dafür bekommt man vom Wasser aus ungewohnte Einblicke in die Stadt, die wie kaum eine andere mit dem Meer verbunden ist.

Fahrt mit der Schildkröte
Die Fahrt beginnt am blendend weiß gestrichenen Gebäude des großen Theaters, das kurz darauf wieder hinter dem Brückenpfeiler der Kungsportsavenyn verschwindet. Die Straße, die hier jeder nur kurz »Avenyn« nennt, ist der Prachtboulevard Göteborgs und führt aus dem Zentrum hinaus an Geschäften und Cafés vorbei direkt zum kulturellen Herz der Stadt mit Konzerthalle, Stadttheater und Bibliothek. Eine scharfe Linkskurve, dann gleitet das Boot über den Hauptkanal: Etliche prächtige Gebäude reihen sich hier zu beiden Seiten auf und symbolisieren den Reichtum, den der Handel der Seefahrerstadt gebracht hat. Auf dem Gustav-Adolf-Platz erinnert ein Denkmal an den Stadtgründer, und sobald die Schildkröte die Kristine-Kirche und das Stadtmuseum passiert hat, fährt sie auf den Göta-Fluss hinaus. Und der ist die eigentliche Lebensader der Stadt. Hier im Freihafen legten schon Schiffe an, als es das heutige Göteborg noch gar nicht gab. Schließlich war zur Zeit der dänischen Herrschaft in Südschweden der Göta-Fluss für die Schweden der einzige Zugang zum Meer. Der Hafen ist der Schlüssel zur Weltoffenheit der Stadt. Es gab Zeiten, da waren

Schwedisch, Deutsch und Holländisch die offiziellen Sprachen in der Stadt. Die Segelschiffe der Ostindien-Kompanie legten hier genauso an wie die Boote der Hanse. Auch Schiffe wurden hier gebaut. Früher. Denn keine einzige Werft ist mehr in Betrieb. Stattdessen werden Wohnungen und Büros gebaut.

Shoppen im Arbeiterviertel

Zu Fuß oder mit der für Göteborg charakteristischen Straßenbahn erreicht man den Stadtteil Haga südlich des Wassergrabens, der sich zu einem der beliebtesten Viertel der Stadt gemausert hat. Früher wohnten hier die Arbeiter, heute flaniert man zwischen Ziegelhäusern über Kopfsteinpflaster, trifft sich zum Cappuccino oder Shoppen. Kleine

Boutiquen prägen hier das Straßenbild und nicht die Filialen der Weltkonzerne. Die findet man eher rund um den oben erwähnten Gustav-Adolfs-Platz, dem eigentlichen Stadtzentrum Göteborgs. Und wer sich einen Überblick über die Stadt verschaffen will, der erklimmt den Hügel der Masthugget-Kirche im Westen Göteborgs. In Richtung Meer sind es die Silhouetten der riesigen Kräne, mit denen die Schiffe entladen werden, welche die Aufmerksamkeit auf sich ziehen. In Richtung Stadt sind es die vielen alten Gebäude, die auf dem Göta-Fluss verkehrenden Schiffe und ein auffälliges, rot-weiß gestrichenes Hochhaus direkt am Fluss. Die Göteborger nennen es aufgrund seiner Form und Farbgebung einfach *läppstift*: Lippenstift.

FISCH IN DER KIRCHE

Die Fischkirche. Ein Gotteshaus? Weit gefehlt! In einer der beliebtesten Sehenswürdigkeiten Göteborgs holen sich nicht die Fischer ihren Segen, bevor sie auf große Fahrt gehen. Hier geht es vielmehr anrüchig zu. In dem 1874 im gotischen Stil erbauten Gebäude kann man schlicht und einfach frischen Fisch kaufen. Restaurants und unzählige Händler bieten an ihren Ständen die verschiedensten Meeresdelikatessen an. Dorsch und Langfisch, Hummer und Schellfisch. Und natürlich bekommt man an den Ständen weitere nordische Spezialitäten wie Elch- oder Rentierfleisch. Den Namen hat die Feskekôrka jedoch nicht wegen der Bedeutung bekommen, die dem Fisch beigemessen wird. Er geht vielmehr auf die schöne Architektur mit Spitzgiebeln und der Dachkonstruktion zurück.

9 Tjörn & Orust: Inselleben in Bohuslän

Schärenidyll an der Westküste

Tjörn und Orust an der schwedischen Westküste gehören zu den größten Inseln des Landes. Doch nicht damit beeindrucken sie, sondern mit ihrer malerischen Schönheit, die auch viele Touristen erkannt haben.

In elegantem Bogen schwingt sich die Brücke von Stenungsund hinüber auf die Insel Tjörn. Schwindlig kann es einem werden, blickt man die knapp 50 Meter hinunter in das tiefgrüne Wasser, über das die Schiffe nach Stenungsund oder Uddevalla fahren. Die Durchfahrt durch die Schärenkanäle erfordert von den Kapitänen volle Aufmerksamkeit. Und das nicht nur, weil es bisweilen sehr eng zugeht, sondern

auch, weil Untiefen lauern. Ob es technisches Versagen war oder der Mann am Steuer der »Star Clipper« nicht den nötigen Durchblick hatte, ist bis heute nicht geklärt. Jedenfalls krachte das Schiff um 1.30 Uhr in der nebligen Nacht des 18. Januar 1980 gegen einen Brückenbogen. Das Bauwerk stürzte ein und zerstörte dabei die Kommandobrücke des Schiffes. Trotzdem konnte der Lotse per Funk Hilfe holen. Für sieben Autos kam

Die Kirche von Hällevikstrand gehört zu den schönsten Gotteshäusern auf der Insel Orust (oben). Auf der Insel kann man Trockenfisch auf den Gestellen sehen (unten). Die Brücke bei Stenungsund (rechts) war Schauplatz eines Unglücks in nebelverhangener Winternacht.

jedoch jede Hilfe zu spät. Sie fuhren über die Brücke, bemerkten den gähnenden Abgrund nicht, der sich plötzlich unter ihnen auftat, und stürzten in das eiskalte Meer. Acht Menschen kamen bei diesem schweren Unglück ums Leben.

Platz für Sommerfrischler

Eineinhalb Jahre später konnten Autofahrer auf einer neuen Brücke wieder von Stenungsund auf die Insel Tjörn fahren – und damit in eine malerische Schärenwelt, die zu den schönsten an der gesamten Küste der Region Bohuslän gehört. Tjörn ist immerhin die sechstgrößte Insel des Landes. Doch es ist nicht die Größe, die begeistert. Ganzjährig leben nur 15 000 Menschen auf der Insel. Hauptsächlich von der Schifffahrt, denn Tjörn ist seit Urzeiten eine Seefahrerinsel mit geschützten Häfen und einem schnellen Zugang zum Meer. Im Sommer verdoppelt sich jedoch die Einwohnerzahl. Sven Svensson, der Durchschnitts-Schwede, verbringt seinen Urlaub gerne direkt am Meer. Und nicht nur er. Auch der deutsche Michel hat schon vor langer Zeit die Schönheit der Bohusküste entdeckt und bezieht hier sein Ferienhaus. Denn an ihrem westlichen Ende hört Tjörn nicht einfach auf. Die Insel zerbröselt vielmehr in einer Vielzahl von kleinen und kleinsten Eilanden, manchmal sogar nur einzelnen Felsen, an denen sich die Meereswogen brechen.

Mosaik aus Fels und Feldern

Ein Segelboot, das geräuschlos durch die schmale Wasserrinne gleitet. Rechts und links flechtenbewachsene Felsen,

ein paar Bäume. Und überall dort, wo ein wenig Platz ist, ein Haus. Mal leuchtend weiß, mal in typischem Rot-Weiß. So sieht der Übergang zwischen der Insel Tjörn und der drittgrößten schwedischen Insel Orust aus. Es ändern sich der Name und die Größe, nicht aber die Landschaft. Wie auf Tjörn werden auch auf Orust überall dort Felder bewirtschaftet, wo in den einstigen niedriger gelegenen Meeresarmen der Boden etwas tiefer ist. Auf den exponierten Hügeln krallen sich Kiefern in das Gestein. Und an der Westseite der Insel, wo die Winterstürme mit ungebremster Kraft heranrauschen, da ducken sich lediglich ein paar Sträucher hinter die Felsen. Genau diese Landschaft ist es, welche die Faszination der Schärenküste ausmacht. Dieses kleinteilige Mosaik aus nacktem Fels, kleinen Tümpeln, Mooren und Heideflächen. All das mit einer prächtigen Aussicht auf das Meer und andere Schären, an deren Felsen sich die Wellen brechen.

Poet in den Schären

Für einen Sprung ist die Entfernung über den Sund ein bisschen weit. Doch der Einsatz einer Fähre scheint etwas übertrieben. Gleichwohl muss man irgendwie von Orust auf die Insel Flatön kommen. Also muss man doch die knapp 200 Meter mit dem Schiff bewältigen. Eigentlich passt das ja auch ganz gut, denn Boote waren ja schon immer das wichtigste Fortbewegungsmittel im Gewirr der Tausend Inseln der Schärenküste. Auf Flatön schlängelt sich eine schmale Straße am Meer entlang und führt über ein paar Felsen zu dem an einer Bucht stehenden Haus von »Han-

Die uber den Skagerrak heranziehenden Winde treiben diese Mühle in Fiskebäksil an (oben). Diese junge Mantelmöwe wächst in einem Nest auf den Klippen von Klädesholmen heran (Mitte). Mit viel Liebe zum Detail hat dieser Hausbesitzer in Fiskebäksil seinen Hauseingang verziert (unten).

45

Bisweilen stehen die Fischerhütten auf wackligem Terrain wie hier in Röröstrand auf Tjörn (oben). Karg ist der Bewuchs auf den Felsen, üppig dagegen am Rande der Tümpel auf der Insel (Mitte), wo ein Dreimaster im Hafen von Skärhamn festmacht (unten). Im Hafen von Hällevikstrand auf Orust sind Boote bereit für die nächste Fahrt (rechts).

delsman Flink«. Der Tante-Emma-Laden war und ist Treffpunkt der Inselbewohner und spielte auch eine Rolle in der schwedischen Musikgeschichte. Vorne im Laden werden seit fast einhundert Jahren Lebensmittel verkauft. Doch die Musik, die spielte eigentlich im Hinterzimmer. Und das im wahren Wortsinn. Denn niemand Geringeres als Evert Taube war regelmäßig zu Gast bei Gustav und seiner Familie auf Flatön. Dieser Evert Taube (1890–1976) war einer der größten Poeten und Liedermacher Schwedens. Als junger Mann reiste er zur See und brachte dabei Eindrücke mit, die er später in seinen Liedern verarbeitete. Er besang das »Mädchen aus Havanna« und die Abenteuer der Seemänner Fritiof Andersson und Karl-Alfred, die in der ganzen Welt zu Hause waren. Immer wieder tauchen aber auch Motive aus der Heimat in seinen Werken auf. Die »Maj auf Malön«, der Nachbarinsel der Flatön genauso wie »Huldas Karin«: Personen, die er bei seinen Aufenthalten auf Flatön kennenlernte und die bei ihm einen bleibenden Eindruck hinterließen. Wer einmal auf Tjörn, Orust, Malön oder Flatön war, kann den singenden Poeten bestens verstehen. Die Inselbewohner erinnern sich gern an Taube. »Er kam aus dem brausenden Meer« und steht auf einem Felsblock, der in der Bucht vor dem kleinen Laden von den Gezeiten umspült wird.

Idyll mit Holzhäuschen

Vom »Handelsman Flink« bis hinüber nach Fiskebäcksil auf der Nachbarinsel Skaftö sind es gerade einmal fünf Kilometer. Luftlinie. Doch die ist im Schärenreich sehr oft allenfalls eine gedachte

Verbindung. Denn die Straßen machen meist jede Biegung der kleinen Buchten mit, meiden die felsigen Klippen und überqueren die tiefen Sunde dort, wo Brücken kurz sein können oder Fährfahrten schnell. Und so legt man bis zum alten Fischerort gut und gerne die doppelte Distanz zurück. Doch die Fahrt lohnt sich. Fiskebäcksil gehört zu den

ältesten Fischerhäfen der gesamten Küste. Der Ertrag muss sich gelohnt haben, wie in alten Quellen zu lesen ist. Dorsch ging ins Netz, auch Lengfisch. Und immer noch gibt es Fischer, die morgens ihren Fang am Pier anbieten. Mit etwas Glück sieht man auf Holzgestellen sogar Fische, die dort zum Trocknen aufgehängt sind. Oder auch einen

Fischer, der sein Netz flickt. Doch sie werden weniger, was auch an der pittoresken Lage liegt. Das Dorf ist schön, sogar sehr schön. Und auch ganz schön teuer. Die bunten Holzhäuschen, die auf den Felsen beiderseits des Meeresarms in der Sonne leuchten, sind begehrt. Vor allem bei Touristen. Und die sind eben dort, wo es am schönsten ist.

BEI SCHWEDENS TANTE EMMA

Bonbons und Bücher, Mehl und Mayonnaise: Im Laden von »Handelsman Flink« gibt es so ziemlich alles, was man für das tägliche Leben braucht. Und das seit rund hundert Jahren. Denn so lange gibt es das Geschäft weit draußen in den Schären schon. Die Idee dazu hatte der Schiffer Petter, der sich darüber ärgerte, zum Einkaufen weite Wege fahren zu müssen. So begann sein Sohn Gustav an der zentral im Inselreich gelegenen Stätte Brygga damit, Waren an die Menschen aus der Umgebung zu verkaufen. Und sie kamen – mit dem Boot, dem Auto, zu Fuß oder mit dem Pferd. Zum Einkaufen, aber auch für einen gemütlichen Schwatz. Der »Handelsman Flink« war und ist eben mehr als nur ein Geschäft. Er ist ein Treffpunkt. Nur schade, dass Evert Taube nicht mehr lebt.

Handelsman Flink
Flatön
S-474 91 Ellös
Tel. 0 30 45 50 51
info@handelsmanflink.se
www.handelsmanflink.se

10 Smögen & Hamburgsund – Fischerdörfer vor rosa Granit

Gemälde aus Fels, Meer & bunten Fischerhäuschen

Der Schärenarchipel an der Bohusküste gehört ohne Zweifel zu den Gegenden Schwedens, die am meisten beeindrucken. Orte wie Smögen oder Hamburgsund haben einigen anderen Orten in puncto Beliebtheit den Rang abgelaufen. Statt nordischer Zurückhaltung findet man hier südländisches Flair.

Es ist ein Farbspiel, das man kaum jemals vergessen wird. Rosafarben sind die Felsen in den Schären bei Smögen. Die Farbintensität steigert sich noch um ein Vielfaches, wenn die rote Abendsonne die Felsen zusätzlich erleuchtet. Ungemein harter Gneis und Granit bilden das Grundgestein, das vom Eis, von Wasser und Wind glatt geschliffen wurde und mit seinen Klüften der westschwedischen Küste ihr typisches Aussehen verleiht. Fantastisch, wie die Felsen bei näherem Hinsehen in der Sonne funkeln können! Fügen sich dann noch pittoreske Orte in das Landschaftsbild ein, entsteht daraus ein Bild, das ein wohlwollender Maler kaum romantischer auf die Leinwand zaubern könnte. Plätze, die solche Eindrücke entstehen lassen, gibt es viele an der Küste. Manche sind abgelegen und einsam, andere gelten als Anziehungspunkt für Touristen. So wie die kleine Ortschaft Smögen. Fast schon ein wenig vorlaut ragt die Insel Hasselön in die Wellen des

Skagerraks hinein. Wobei kaum noch jemand die Insel bei ihrem wirklichen Namen nennt. Hasselön ist Smögen, und Smögen, das ist einer der bekanntesten Orte an der Bohusküste.

Sommer in Smögen

Von wegen kühler Norden; von wegen zurückhaltende Schweden. Wer an einem der langen, warmen Sommerabende durch Smögen schlendert, findet vieles – nur nicht nordische Einsamkeit. Die gibt es zur Genüge in den vielen Buchten an der Schärenküste. Eben nur nicht hier in einem Ort, der so idyllisch ist, dass er das Bild einer ganzen Region geprägt hat und auch das Klischee eines typisch schwedischen Fischerorts erfüllt. Nicht im Schutz einer versteckten Bucht oder hinter einem der vielen Hügel wurde der Ort gebaut, sondern die bunten Häuser stehen im Wind auf den nackten Felsen der Küste. Gleich hinter den kleinen Inseln beginnt das offene Meer. Die ideale Lage dürfte

Selten ist es auf der »Smögenbryggan« so ruhig wie auf diesem Bild (linke Seite oben). In der Gegend von Hamburgsund sind die Schären rosa gefärbt (linke Seite unten). An den Bootsstegen von Smögen (Smögenbryggan) stehen nicht nur die pittoresken Fischerhütten (unten), sondern hier werden in den Restaurants auch frische Fische angeboten (oben).

auch der Grund sein, warum Smögen mit seinem natürlichen Hafen zu einem der Hauptumschlagplätze der schwedischen Fischindustrie wurde. Von hier legen die Fischkutter zu ihren Fanggründen im Skagerrak und in der Nordsee ab. Bei ihrer Rückkehr haben die Schiffe natürlich Fische in ihrem Laderaum, aber auch Garnelen, die vor Ort »Smögenräkor« heißen. An diesen Meeresdelikatessen kommt man in dem Hafenstädtchen kaum vorbei. Sie werden in jedem Restaurant angeboten, mal puristisch auf Brot, mal mit Kartoffelsalat und Dill sowie viel Mayonnaise, mal eingebettet in ein Gourmet-Menü. Und wer es noch einfacher mag, kauft sich ein paar Garnelen, setzt sich auf eine Bank oder einen der Felsen entlang der Promenade Smögenbryggan und pult die kleinen Tierchen heraus, die in Zitrone getränkt am besten schmecken. Die höl-

zerne Promenade schlängelt sich rund um den Hafen entlang der Granitfelsen. Früher liefen hier die Fischer zu ihren auf Stelzen stehenden Bootshäusern, heute ist sie die Hauptattraktion des Ortes, über die in jedem Jahr Zehntausende Touristen flanieren. Und wo Touristen sind, da gibt es natürlich Souvenirgeschäfte und Eisdielen, Imbisse – nicht immer nur mit Fisch im Angebot – und Geschäfte mit Kunsthandwerk. Von der Smögenbryggan legen zudem die Boote zur Felseninsel Hållö und anderen Zielen ab. Im Sommer ist außerdem die tägliche Fischauktion eine Attraktion. Ruhig wird es am Hafen erst am späten Abend. Dann haben die Möwen wieder die Oberhoheit.

Fischer und Händler

Ein ganzes Stück weiter nördlich liegt der Ort Hamburgsund – gut geschützt

»Scherenschnitt« bei Sonnenuntergang an der Bohuslänküste bei Hamburgsund (oben), die auch bei strahlendem Sonnenschein nichts von ihrer Faszination verliert (Mitte und unten). Für Segler sind die abwechslungsreichen Gewässer an der Westküste eine echte Herausforderung (rechts).

gegen die Unbilden der Ostsee hinter einem Bollwerk aus Felsen an einer schmalen Fahrrinne, in die bei Sturm kein Brecher seinen Weg findet. Kein Wunder, dass angesichts dieser günstigen Lage hier seit Urzeiten Menschen leben. Schon zur Wikingerzeit vor rund tausend Jahren gab es auf der Klippe am Hamburgsund einen Thingplatz, den die Leute aus der Gegend regelmäßig aufsuchten, um hier Recht zu sprechen oder über die Dinge des Alltags zu diskutieren. Später, im Jahr 1585, wird die Siedlung erstmals als Zollstation erwähnt. In der zweiten Hälfte des 18. Jahrhunderts kamen die Heringsschwärme besonders nah an die Bohusküste. Für die Siedlungen im Westen Schwedens brachten die silbernen Fischleiber eine goldene Zeit mit hohen Einkommen. Der Fang war so gut, dass die Tiere nicht nur frisch gegessen oder konserviert, sondern in großen Töpfen auch gekocht wurden. Mit dem dabei erhaltenen Tran wurden Lampen befeuert oder Scharniere geölt, später Kosmetika hergestellt. Und natürlich trank man die ölige Flüssigkeit auch, die aufgrund ihres hohen Vitamingehalts als gesund gilt. Aus den Kaminen von den rund 500 Trankochereien rauchte es zu dieser Zeit an der gesamten Bohusküste. Und natürlich hatte auch ein Fischerdorf wie Hamburgsund seine eigene »Walblubber-Küche«. Doch der Hering war ein unsicherer Geselle. Kommt er oder kommt er nicht? Das war die bange Frage, der sich die Fischer und Bootsbesitzer in jedem Jahr stellen mussten. Nicht nur, aber auch in Hamburgsund. Die Zollstation im Ort hatte dazu geführt, dass man bereits mit dem Handel zu tun hatte. Das baute man weiter aus, pendelte zwischen Göteborg und Norwegen mit Hering und Granit aus den nahen Steinbrüchen, sowie mit Kohle und Koks, Holz und Ziegel im Schiffsbauch. Immer mehr wandelte sich der Ort jedoch zu einem Ausflugsziel für Sommerfrischler. Und die können auf dem Festland bleiben oder die Chance nutzen, einen Abend auf einer Schäreninsel zu verbringen.

Insel-Silhouetten

Mit einer Seilfähre geht es an vorbeifahrenden Segelboten über den schmalen Sund hinüber auf die Insel Hamburgsund Ö. In Reih und Glied stehen an beiden Seiten des Meeresarms die Häuschen, jedes mit einem Bootssteg davor. Und wer hier nicht heimisch ist, findet mit etwas Glück einen Platz im Hafen.

Rund zwei Kilometer auf einer kleinen Straße entlang der karg bewachsenen Felsen sind es, bis man in einer der Buchten am offenen Meer steht. Staunend. Bewundernd. Beeindruckt. Ein Kutter durchschneidet das silbrig glänzende Wasser – einen Schwarm Möwen im Schlepptau, die auf Futter hoffen. Am Felsen gegenüber putzt sich ein weiterer dieser großen weißen Meeresvögel sein Gefieder und flüchtet lauthals meckernd in Richtung Wasser. Wie dunkle Tupfen aus einem Farbkasten lösen sich die Silhouetten unzähliger kleiner Inseln aus der schillernden Fläche des Meeres. Ganz im Hintergrund ist das Lachen von Kindern zu hören, die im Wasser einer Bucht planschen. So kann ein heiterer Sommertag in den Schären aussehen.

11 Friedlich & gefährlich zugleich – die Schärenküste von Sotenäs

Die Fischer und Steinhauer von Hunnebostrand

Idyllisch wirken die kleinen Fischerdörfer der Gemeinde Sotenäs. Zu Hause waren hier jedoch auch die Steinhauer, die mit einfachsten Mitteln Granitblöcke aus den Klippen schlugen. Ein Knochenjob! Später, als diese wichtige Industrie kaum noch Gewinn abwarf, durften sie auch noch einen Kanal in den Fels schlagen. Und der erfreut sich heute bei Freizeitskippern großer Beliebtheit.

Unter unsäglichen Mühen wurde der Sotenäskanal bei Ramsvik aus dem harten Fels gehauen (oben). Hummer sind ein willkommener Beifang der Fischer (unten). Auf dem Schärenwanderweg bei Hunnebostrand wird man von immer neuen Ausblicken überrascht (rechte Seite unten).

Fischfang. Einleuchtend, dass die Menschen an der Bohusküste bis weit in das 20. Jahrhundert hinein mit dem Hering ihr Geld verdienen konnten. Schließlich hatte man das Meer vor der Haustür. Doch noch etwas anderes gab es hier im Überfluss: Steine. Und auch sie wurden ab der Mitte des 19. Jahrhunderts zu Geld gemacht. Sibirien bei der kleinen Ortschaft Heestrand ist solch ein Steinbruch, in dem die Arbeiter mit einfachsten Mitteln dicke Granitbrocken aus dem Fels klopften. Eine beeindruckende Arbeit. Kaum ein Fels, an dem nicht die Spuren von Hammer und Meißel zu sehen sind. Das ist auch auf dem Schärenwanderweg zu sehen, der von Heerstrand in Richtung Süden führt und auf dem sich die fantastische Schärenlandschaft erleben lässt. In allen Details. In aller Einsamkeit.

An einem sich weit ins Land hinein reckenden Meeresarm zwängt sich das Städtchen Bovallstrand in die Felsen.

Bunte Häuschen sind hier zu sehen. Ihre roten und weißen, gelben und grünen Holzfassaden spiegeln sich bei Windstille im Meer. Die Gewässer rund um den Ort sind vergleichsweise sicher zu befahren. Keine Untiefen und keine gefährlichen Strömungen, die ein Schiff zum Spielball des Meeres machen könnten.

Friedliches Idyll

Schon in frühen Jahren machten deshalb Dampfboote am Kai fest. Sie luden den Fang der Fischer in ihren Bauch, transportierten die in den Steinbrüchen der Umgebung gehauenen Blöcke zu den Kunden in Göteborg und anderswo. Ein paar Klippen weiter liegt Hunnebostrand – etwa zwischen 1840 und 1960 der Hauptort der schwedischen Steinbruchindustrie. Heute ist das Städtchen einer der beliebtesten Fremdenverkehrsorte an der Westküste. Im Hafen schwanken an den langen Stegen die Masten der Segler im Gleichklang. Man

flaniert über die Uferpromenade, besucht ein Café oder Restaurant, genehmigt sich ein Eis und genießt die langen Sommertage, an denen die Sonne erst sehr spät hinter den Schären versinkt und einen roten Strahl auf die Meeresoberfläche zaubert.

Klopfen, schaufeln, sprengen

Doch so friedlich die Klippen westlich des Ortes bei schönem Wetter auch aussehen, so unwirtlich sind sie bei heranziehenden Unwettern. Die Gewässer rund um die Gemeinde Sotenäs gehören zu den gefährlichsten des ganzen Landes. Dem offenen Ozean ausgesetzt, schäumt bei einem Sturm das Wasser, die Gischt spritzt meterhoch an die Felsen. Der Teufel selbst muss hier seine Hände im Spiel haben, sagten die Menschen früher. Viele Boote wurden kurz vor dem rettenden Hafen an die Felsen gedrückt und sanken. Und das wollte man nicht mehr hinnehmen. Daher beschloss der schwedische Reichstag 1930,

einen Kanal zu bauen. Das sollte den Schiffen ermöglichen, den unglücksträchtigen Sotefjord zu umfahren. Rund 400 der insgesamt 8000 in der Wirtschaftskrise arbeitslos gewordenen Steinbrucharbeiter von Bohuslän klopften, schippten und sprengten eine Fahrrinne für die Schiffe. Doch es war eine harte Arbeit. Eine 4,5 Meter tiefe, bis zu 20 Meter breite und 6,5 Kilometer lange Verbindung wurde geschaffen – für fünf Kronen am Tag. Im Jahr 1935 war das Bauwerk schließlich fertiggestellt und wurde vom Kronprinzenpaar eröffnet. Die Ironie der Geschichte: Binnen weniger Jahre wurden die Schiffe immer größer und die Navigationstechniken besser – und der Kanal eigentlich unnötig. Die Freizeitskipper, die heute den Kanal nutzen, haben jedoch ihre Freude an der ungewöhnlichen Passage. Zudem umfahren sie mit dem Fykan Naturreservat ein besonders sehenswertes Gebiet mit seltenen Pflanzen. Sogar Orchideen wachsen dort!

HUMMERFEST IN HUNNEBO-STRAND

Liebhaber von Krebstieren haben diesen Tag rot im Kalender markiert: Am ersten Montag nach dem 20. September um 7.00 Uhr morgens startet in jedem Jahr der Hummerfang in Hunnebostrand. In der Regel werden Fallen im Wasser versenkt, in welche die nachtaktiven Tiere kriechen und dann nicht mehr herauskommen. Sehr zur Freude der Gourmets. Auch Touristen können die Fischer bei ihren Touren begleiten und ihren eigenen Hummer mit an Land bringen. Wer seekrank wird, kann sich den Schaltieren auch an Land nähern. Die Hummerakademie, deren Sitz in Hunnebostrand ist, zeigt in einem Museum alles Wissenswerte rund um das Meerestier. Regelmäßig werden die schönsten und größten Hummer prämiert – bevor sie im Kochtopf landen.

Svenska Hummerakademien
Södra Strandgatan 4
S-450 46 Hunnebostrand
info@hunnebostrand.nu
www.sha.nu

12 Die Felsritzungen von Tanum – Kunst für die Ewigkeit

Hirsch, Hund & Brautpaar – Weltkulturerbe der Bohusküste

An der Küste der Provinz Bohuslän in Westschweden haben bronzezeitliche Künstler Werke geschaffen, die zum Weltkulturerbe gehören. Ihre Leinwand waren die Felsen, die sowohl das Festland als auch die vorgelagerten Inseln prägen.

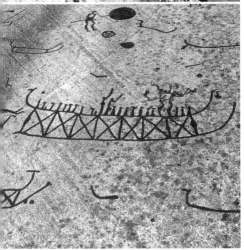

Felskunst. Mit diesem Wort könnte man zusammenfassen, was unbekannte Künstler in der Bronzezeit an der sogenannten Bohusküste geschaffen haben, denn mehr als 1500 Zeichnungen sind auf den Felsen rund um Tanumshede zu finden – kein Wunder also, dass sie 1994 auf die Liste des UNESCO-Weltkulturerbes gesetzt wurden. Zu einer Berühmtheit hat es das sogenannte »Brautpaar« gebracht, das auf einem Felsen bei Vitlycke verewigt

ist. Auf dem 22 Meter langen Granitstein tummeln sich insgesamt mehrere Hundert Personen. Bei Fossum hat nach Ansicht der Forscher ein einziger Künstler Jagdszenen dargestellt, außerdem Hirsche und Hunde in den Fels geritzt. Ebenfalls zu finden sind hier Schiffe. Unklar ist, ob die ebenfalls bei Tanum zu findenden Fußabdrücke vom Künstler stammen oder einer unbekannten Gottheit zugeordnet werden können.

Künstler am Ufer

Die bronzezeitlichen Künstler konnten ihre Füße beim Ritzen ins Wasser hängen. Denn damals, so etwa 1500 bis 500 Jahre vor unserer Zeitrechnung, lagen die steinernen Leinwände noch direkt am Meeresufer. Auf den Tisch kamen Getreide, Fleisch und Fisch. Mittlerweile ist das Meer durch die Landhebung ein Stückchen weggerückt. Und die Zeichnungen selbst liegen knapp 30 Meter über dem Meeresspiegel. Das bedeutet aber auch, dass neues Land freigelegt wurde. Wie an einer Perlenkette reihen sich heute kleine

Möwen beherrschen die Luft und die Felsen an der Bohuslänküste (oben). Unbekannte Künstler ritzten vor einigen Jahrtausenden ihre Erlebnisse in den Fels (unten). In Grebbestad reckt sich eine Landzunge weit in das Meer hinein (rechts). Bei diesem Sonnenuntergang hat die Natur tief in den Farbkasten gegriffen (rechte Seite unten).

und größere Inseln mit unzähligen Buchten an der schwedischen Westküste aneinander.

Seltene Tiere in tiefem Wasser

Dazu gehört beispielsweise die Insel Tjärnö, die über eine Brücke mit dem Festland verbunden ist. Die Gewässer rund um das Eiland sind so einzigartig, dass die Universität Göteborg hier eine Forschungsstation eingerichtet hat. Ganz in der Nähe von Tjärnö verläuft die sogenannte Kosterrännan, eine Verwerfungsspalte am Meeresboden, an der das Wasser so tief ist wie an keiner anderen Stelle der Bohusküste. Bis zu 240 Meter tief müsste man hier tauchen, um auf den Grund zu kommen. Und dort ist das Wasser so salzig, dass die Biologen von der einzigen, wirklich ozeanischen Umgebung in Schweden sprechen. Neben vielen anderen Lebewesen, die nur in dieser Rinne einen Lebensraum gefunden haben, gibt es hier Kaltwasserkorallen, die hier ihr einziges Vorkommen in ganz Schweden haben. Südlich von Strömstad, der Insel

Tjärnö vorgelagert, liegt die Salzinsel Saltö. Etwa 20, an manchen Stellen auch 30 Meter schaut das Eiland aus dem Meer heraus. Sein Haupt aus Granitfelsen wird durch Kiefern bedeckt, die ihre Wurzeln in die Felsritzen gebohrt haben. Nur wenige Senken gibt es, in denen der vom Meer heranwehende Wind den Boden nicht weggeblasen hat und die eine dichtere Vegetation zeigen. Im Sommer sind die kleinen, sandigen Buchten ein beliebter Badeplatz. Sonnenschirme ragen dann in den Himmel, und im flachen Wasser der Bucht tollen Kinder.

Wer mit wachem Auge über die Insel spaziert, wird an einigen Stellen eine dunkle Färbung im Gestein finden. Geologen fanden hier Diabas und außerdem Rombenporphyr, die sich von ihrem Mineraliengehalt deutlich vom Granit unterscheiden, der den Hauptteil der Insel bildet. Aufgrund all seiner Besonderheiten bildet das Gebiet rund um Tjärnö mit den Koster-Inseln seit 2009 Schwedens ersten maritimen Nationalpark.

TJÄRNÖ – SOMMERABEND IN DEN SCHÄREN VON LINDHOLMEN

Ein Windhauch weht den Duft des Meeres herüber. Draußen auf dem Wasser tuckert ein Fischerboot zwischen zwei Inseln hinaus in Richtung offenes Wasser. Silbern glitzern die Wellen im Licht der langsam in Richtung Horizont sinkenden Sonne. Es ist einer dieser Abende, an denen die Schweden sich in ihre »sommarstuga«, ihr Sommerhäuschen, verabschieden und mit der Familie und Freunden vom Alltag entspannen. *Koppla av* ist ein trefflicher Begriff, der dafür gefunden wurde. Frisch gefangener Fisch und ein paar Garnelen brutzeln auf dem Grill. Der Kartoffelsalat wird in der Küche mit Mayonnaise angemacht und mit Dill verfeinert. Ein paar Möwen kreischen. Dann wieder Ruhe. Einfach herrlich, so ein Abend in den Schären.

13 Vänern und Vättern – das blaue Herz Schwedens

Rund um die beiden größten schwedischen Seen

Zwei Seen bilden das Herz Schwedens: der Väner- und der Vätter-See – kurz auch einfach nur Vänern und Vättern genannt. Rund um die beiden Gewässer ist fast alles zu finden, was das Land ausmacht: verschwenderische Natur, viel Kultur und umtriebige Städtchen.

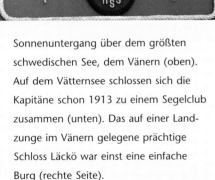

Sonnenuntergang über dem größten schwedischen See, dem Vänern (oben). Auf dem Vätternsee schlossen sich die Kapitäne schon 1913 zu einem Segelclub zusammen (unten). Das auf einer Landzunge im Vänern gelegene prächtige Schloss Läckö war einst eine einfache Burg (rechte Seite).

D as schmeckt!« Die Augen des kleinen Jungen leuchten, als er an der weiß-roten Zuckerstange knabbert. Und damit auch an einem Symbol Schwedens, zumindest der Region am Vättern. *Polkagrisar* heißen diese Süßigkeiten, die eine Witwe aus Gränna vor der Armut bewahrten. Denn als sie 1859 die Erlaubnis erhielt, die Zuckerstangen herzustellen, schuf sie sich damit ein einträgliches Einkommen. Auch heute noch werden von zahlreichen Zuckerbäckern in dem Ort am Ostufer des Sees die Polkagrisar aus Zucker, Wasser und Pfefferminze hergestellt. Und dabei kann man sogar zusehen. Der Ort brachte aber nicht nur diese Zuckerstangen hervor, sondern sogar einen Polarforscher. Salomon August Andrée kam 1854 in Gränna zur Welt und starb 37 Jahre später – auf einer kleinen Insel bei Spitzbergen. Auf der Danskøya im Nordosten Spitzbergens waren er und seine beiden Begleiter mit einem Heißluftballon gestartet. Weit jedoch kamen sie nicht: Nach einem Drittel der Strecke und 60-stündiger Ballonfahrt prallte das Luftge-

fährt auf das Eis. Andrée und seine zwei Begleiter machten sich zu Fuß auf den Rückweg nach Spitzbergen. Dort jedoch kamen sie nie an. Erst 33 Jahre später wurden die Hinterlassenschaften der Expedition gefunden. Heute erinnert die Stadt Gränna in einem überaus sehenswerten Museum an ihren berühmten Sohn. Von einer Luft- zu einer Schiffsfahrt: Die ist nötig, um von Gränna auf die Insel Visingsö im Vättern zu kommen. Dort geht es dann mit einem »Remmalag« weiter, einer für das Eiland typischen Pferdekutsche. Die Insel inmitten des zweitgrößten Binnensees des Landes war vor 800 Jahren ein wichtiges Machtzentrum – sozusagen die Insel der Könige und Legenden. Aus dieser Zeit übrig geblieben sind jedoch nur die Ruinen zweier Burgen, schöne Kirchen, hübsche Dörfer und das Flair einer vom Klima begünstigten Insel.

Im Reich von John Bauer

Wenn die Schweden von einem »Bauerwald« sprechen, dann meinen sie damit keinen Wald für Landwirte: Es ist viel-

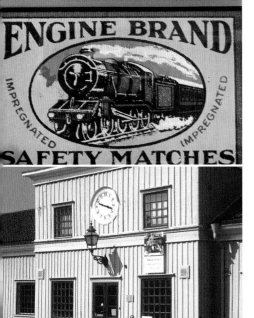

Über den Vätternsee schippern im Sommer historische Dampfschiffe (oben). Jönköping war das Zentrum der schwedischen Streichholzindustrie (unten). Die Verpackungen der Sicherheitszündhölzer waren fantasievoll gestaltet (Mitte). Wirklichkeit gewordenes Schweden-Klischee: stiller See mit Schäfchenwolken (rechte Seite unten).

mehr eine anerkennende Bezeichnung für ein Gebiet mit knorrigen Bäumen, von Moosen und Flechten überwucherten Felsen und kleinen Seen. Und auch dem einen oder anderen Troll. Der Maler John Bauer (1882–1918) lebte etliche Jahre in den Wäldern bei Gränna und fand dort die Vorbilder für seine Werke. Seine Darstellungen von Waldtieren sowie Trollen und anderen Waldgeistern prangen auf Postkarten und in Büchern. Seine oft symbolisch wirkende Darstellung der Figuren und das Spiel mit Licht und Schatten machen seine Bilder unverwechselbar – auch deshalb, weil sie oft sehr persönlich sind, mit einer Mischung aus realen Personen und fiktiven Wesen. Gelebt hat Bauer lange Jahre am Bunn-See ein paar Kilometer östlich von Gränna. Weit und freundlich wirkt das Gewässer, mit friedlichen rotweißen Häuschen und dem obligatorischen Badesteg am Ufer. Doch auch dunkle Wälder und kleine, vom Menschen geschaffene Kanäle prägen die Gegend. So sehr, dass diese Sagenwelt in den Werken des berühmten skandinavischen Malers auftaucht. Gerade einmal 36 Jahre wurde Bauer alt. Sein nasses Grab fand er beim Untergang eines Passagierschiffes im Vättern auf der Fahrt nach Stockholm. John wollte mit Frau und Kind die neue Wohnung auf Djursholm beziehen. Das Boot nahmen sie, weil Ester-Lisa Ellqvist, Bauers Frau, Angst vor Zugreisen hatte!

Sichere Streichhölzer
Doch sosehr John Bauer auch die märchenhafte Natur rund um Jönköping und den Vättern bewunderte: In manchen Gebäuden Jönköpings ging es alles

andere als romantisch zu. Denn hier wurden unter bisweilen kaum vorstellbaren Bedingungen Streichhölzer hergestellt. Zum Ende des 19. Jahrhunderts war der Ort am Südende des Sees sogar das Zentrum der schwedischen Streichholzindustrie und brachte der Region einen gewissen Wohlstand. Hier wurden Mitte des 19. Jahrhunderts sogar die Sicherheitszündhölzer erfunden, die einen ganzen Industriezweig revolutionierten. Neben der Qualität der Zündhölzer bekam die Verpackung eine immense Bedeutung – als Werbeträger. Was alles auf die Streichholzschachteln gedruckt wurde, ist in einem Museum in Jönköping zu sehen.

Sagenumwobenes Schloss Läckö: Prachtbau am Vänern
Zwischen dem Vättern und dem Vänern breitet sich eine Landschaft mit Feldern und Wäldern aus, unter denen besonders der Nationalpark Tiveden mit schönen Stränden und einem »Bauerwald« begeistert. Naturfreunde merken außerdem beim Namen Hornborgasjön auf. Denn an diesem See rasten im Frühjahr und Herbst alljährlich Tausende Kraniche auf ihrem jeweiligen Zug gen Süden oder Norden. In etlichen Orten wie Skövde, Skara oder Hjo ist zudem ein Teil der Kulturgeschichte der Region und damit auch Schwedens erhalten geblieben. Herausragend ist dabei ein Bauwerk, dass zu den schönsten seiner Art im ganzen Land gehört: das Schloss Läckö. Weiße Mauern, die sich in einem See spiegeln und darüber ein tiefblauer Himmel mit Schäfchenwolken. Klischees können ergreifend schön sein – noch dazu, wenn sie so erfüllt werden, wie in

diesem Fall. Wie geschaffen für ein solches Gebäude ist die Landzunge, die in der Nähe von Lidköping in den Vänern ragt. Das fand auch der Bischof der Provinz Skara, der 1298 an dieser Stelle den Grundstein für eine erste Burg legte.
Für den Wandel von einer Bischofsburg in das heutige Barockschloss steht ein Name: Magnus Gabriel de la Gardie. Auf seine Initiative hin wurde Mitte des 17. Jahrhunderts aus einer Wehranlage ein Prachtbau. Dieser hat sich den Charme eines alten Gemäuers erhalten, geizt aber nicht mit mondänem Reichtum. So schwingen auf den Deckengemälden im Königssaal 13 Engel ihre Flügel, in anderen Räumen finden sich Darstellungen aus der Mythologie oder diverser Schlachten. Magnus de la Gardie gilt als derjenige, der den Luxus nach Schweden brachte. Einen entsprechenden Eindruck vermitteln die Exponate in der Schatzkammer. Hier werden kunstvoll verzierte Silberteller und Trinkgefäße gezeigt, aber auch fein gearbeitete Schmuckstücke. Die Herrschaft lebte gut in einer Zeit, in der das nordische Land zur Großmacht aufgestiegen war. Am entgegengesetzten Ende des größten schwedischen Sees liegt die Stadt Karlstad. Hier mündet der Fluss Klarälven in den Vänern und verbindet Südschweden mit den unendlichen Wäldern und der Bergwelt im mittleren Teil des Landes.

GUTE NACHT IM BAUMHAUS

Ein wenig schwindelfrei sollte man schon sein, wenn man in Ugglum, einem kleinen Dorf zwischen den beiden großen Seen, übernachten will. Natürlich gibt es in dem Hotel auch normale Zimmer. Aber wer will schon darin übernachten, wenn er sich in einem rot und weiß gestrichenen Baumhaus zur Ruhe betten kann? Über eine steile Treppe geht es sechs Meter hinauf, wo im Geäst einer stabilen Eiche eine einzigartige Unterkunft gebaut wurde. Hier warten auf die Gäste ein überraschend großes Zimmer und eine Terrasse mit prächtiger Aussicht – Morgen- und Abendsonne inklusive. Und das Frühstück wird morgens frisch in einem Korb geliefert und an einem Seil hinaufgezogen.

Islanna Restaurang & Ladugårdscafé
Ugglum
S-52194 Falköping
Tel.: 05 15 72 03 84
www.islanna.com

Windmühlen als gern gesehenes Überbleibsel einer anderen Zeit (oben) und prächtige Gutshöfe (Mitte) sind im östlichen Südschweden zu finden. Die Kirche von Gamla Uppsala (unten) stammt aus der frühen Christenzeit. Felder und Wälder prägen die Landschaft an der Ostküste des Landes (großes Bild).

Südschwedens Osten – von Småland bis Uppland

14 Växjö – das Tor zum Glasreich

Design und Tradition à la Schweden

Wälder, Seen – und kaum etwas zu essen. Småland galt noch vor zwei Jahrhunderten nicht gerade als reiche Gegend. Heute ist die Region rund um die Stadt Växjö aufgrund ihrer Schönheit bei Touristen beliebt und kann zudem mit kreativen Köpfen aufwarten.

W ie eine Spinne im Netz liegt Växjö im südschwedischen Waldland. Alle Wege führen in die Stadt. Und das seit langer Zeit. Schon zu Zeiten der Wikinger war die von Seen umgebene Kommune ein bedeutendes Handelszentrum. Der Dom mit seinen beiden spitzen Türmen und prachtvollen Glasfenstern steht symbolisch für eine spätere Epoche, in der die Kirche eine bedeutende Rolle spielte. Bummelt man heute durch die Fußgängerzone, dann wird die Bedeutung von Växjö klar. Es ist ein Handels- und Schulzentrum für die gesamte Gegend mit Cafés und Restaurants, Theater und Boutiquen. Dabei galt die Provinz Småland noch im 19. Jahrhundert als das Armenhaus Schwedens. Die kargen Böden konnten die vergleichsweise vielen Menschen kaum ernähren, die in den Dörfern im Wald lebten. So verwundert es nicht, dass im 19. Jahrhundert viele Småländer ihr Heil in der Flucht suchten. Mehr als 200 000 Menschen wanderten seinerzeit nach Amerika aus. Diesen Exodus, über den es im Auswandererzentrum in Växjö viel zu erfahren gibt, schildert beispiels-

Der Doppelturm der Kirche von Växjö ist deren besonderes Merkmal (oben).
Seit Jahrhunderten wird in den Wäldern östlich von Växjö Glas hergestellt. In vielen der Glashütten kann den Glasbläsern bei ihrer Arbeit zugesehen werden (rechte Seite unten).

weise der schwedische Autor Vilhelm Moberg (1898–1973) in seinem Roman »Die Auswanderer«.

Bauernjunge mit Möbelimperium

Doch was tun, wenn man viel Holz, viele Menschen und keine Arbeit, aber eine gute Idee hat? Man baut Möbel. Die Region rund um Värnamo genießt den Ruf als schwedisches Möbelreich. Zahlreiche Möbelhersteller haben hier ihren Sitz, etliche Möbeldesigner brachten in den Wäldern Südschwedens ihre Ideen zu Papier. Einer ihrer kreativsten Köpfe war Bruno Mathsson (1907 bis 1988), der mit seinen Entwürfen weltweite Anerkennung fand. Der südlich von Värnamo gelegene Ort Älmhult gehört zwar streng genommen nicht mehr zum Möbelreich. Gleichwohl sollte in diesem Zusammenhang ein Mann erwähnt werden, der ein ganzes Möbelimperium erschaffen und den Einrichtungsstil einer ganzen Generation geprägt hat: Ingvar Kamprad. Fügt man zu dessen Initialen noch den Anfangsbuchstaben des elterlichen Bauernhofs Elmaryd und des Heimatdorfs Agunna-

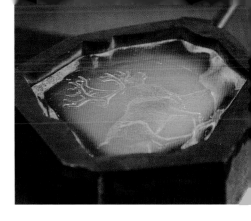

ryd hinzu, so bildet sich ein mittlerweile weltbekannter Name: nämlich Ikea.

Vorsicht! Glas!

Schon im 18. Jahrhundert ist in Småland aber eine weitere Industrie entstanden, die bis heute Bestand hat. Zwischen Växjö und Kalmar an der schwedischen Ostküste breitet sich das Glasreich aus. In 14 Glashütten werden Gläser, Schalen und Kunstwerke aus dem zerbrechlichen Material hergestellt. Orrefors, Bergdala, Kosta und Boda sind Namen, die für perfekt gefertigtes Glas und Tradition stehen. Seit 1742 sind die Öfen in der Hütte von Kosta nie ausgegangen, formen Generationen von Glasbläsern individuelle Stücke. Dabei kommt es nicht auf Lungenkraft und dicke Backen, sondern auf viel Feingefühl an. Ganz anders ist dagegen die Technik in der Glashütte von Målerås. Hier wird Glas nicht geblasen, sondern gegossen. Die in den Glasblöcken erscheinenden Tiere und Pflanzen wirken dreidimensional, zum Greifen plastisch.

Einzigartig sind nicht nur die Arbeiten, sondern ist auch die Geschichte von Målerås. Von der Konkurrenz in Kosta geführt und von der Schließung bedroht, legten die Arbeiter und der ganze Ort zusammen und kauften die Glashütte Anfang der 1980er-Jahre wieder zurück. Es war die Zeit, in der der Chefdesigner Mats Jonasson den Beinamen »Robin Hood von Målerås« bekam.

HERING AM OFEN

Ein Stück småländische Tradition aus dem 18. Jahrhundert kann man beim sogenannten Hyttsill erleben. »Warum die Wärme nicht nutzen«, dachten sich die Dorfbewohner der Glashütten und trafen sich abends nach Feierabend vor heißen Öfen, in denen noch wenige Minuten zuvor Glas geschmolzen worden war. Diese Tradition wird bis heute für Touristen fortgeführt. Wie damals gibt es gebackene Kartoffeln, gebratenen Salzhering sowie eine »Isterband« genannte grobe Griebenwurst und knusprigen Speck – natürlich alles in der Glut des Glasofens gegart. Nach dem einfachen, nichtsdestotrotz leckeren Essen wird småländischer Käsekuchen mit Marmelade und Sahne serviert. Zudem geben die Glasbläser eine Probe ihres Könnens und formen vor den Augen der Gäste aus der glutflüssigen Masse Schalen und Gläser.

Kosta Glasbruk
SE-360 52 Kosta
Tel.: 04 78-3 45 00
www.kostaboda.se

15 Öland – von der Sonne verwöhnt

Besuch im etwas anderen Schweden

Zwischen dem langen Erik und dem langen Jan erstreckt sich eine Landschaft, die einzigartig ist in Schweden. Die beiden Leuchttürme stehen an jeweils einem Ende der Sonneninsel Öland, auf der sogar die schwedische Königsfamilie Urlaub macht. Wenn das keine Auszeichnung ist!

Kleiner, immer kleiner erscheinen die dicken Mauern des Schlosses Kalmar. Kraftvoll durchschneidet der Bug des Fährschiffs das Wasser im Sund zwischen dem schwedischen Festland und Öland. Bis 1972 musste man ebenjene Schiffsfahrt machen, um auf die Sonneninsel zu kommen. Heute führt eine sechs Kilometer lange Brücke in elegantem Bogen hinüber auf das Eiland, das einzigartig ist in Schweden. Die Vorzüge der Insel waren auch schon den früher hier lebenden Menschen bewusst, nachdem der dicke Eispanzer, der ganz Skandinavien und damit auch Öland bedeckte, abgeschmolzen und Öland aus dem Meer aufgestiegen war. Das ist rund 11 000 Jahre her.

Die Pflanzendecke war anfangs sehr karg. Doch das Klima wurde wärmer, erste Bäume wie Kiefern und Birken siedelten sich an, später außerdem andere Laubbaumarten. Und auch einige wenige Menschen fanden auf der Insel Nahrung und Wohnstatt. Sie jagten Wildschweine und Auerochsen, gingen zum Fischen an die Küsten und sammelten wilde Pflanzen. Erst viel später, vor etwa 6000 Jahren, wurden die ersten Äcker bestellt. Steinerne Klingen und Harpunen aus Knochen sind aus dieser Zeit, welche die Archäologen als Steinzeit bezeichnen, erhalten geblieben.

Insel der Windmühlen

Grabhügel sind die weithin sichtbaren Überbleibsel aus der Bronzezeit. Mehr als 40 Meter Durchmesser hat der »Blå Rör« bei der Ortschaft Borgholm. Gut erhalten geblieben sind spätere Spuren aus der jüngeren Eisenzeit im Norden der Insel. Im Gebiet um Skäftekärr wurden die Grundmauern von 18 Häusern gefunden und teilweise rekonstruiert. Ismantorp und Eketorp im Inneren der Insel sind zwei Burgen, die wenige Jahrhunderte nach der Zeitenwende gebaut und bewohnt wurden. Es war die Zeit der Völkerwanderungen, in der die Menschen hinter dicken Steinwällen Schutz vor Invasoren suchten. Man erkennt: Öland ist seit Jahrtausenden ein beliebter Platz zum Wohnen, heute auch für die Urlaubstage. Die

Das Schloss von Kalmar (unten und linke Seite oben) steht nicht weit von der Brücke nach Öland entfernt. Wind und Wellen haben bei Byrum fantastische Formen aus dem Kalkgestein modelliert (linke Seite unten). Mystisch wirken die Kiefern im Trollwald an der Nordspitze Ölands im Abendlicht (oben).

65

Öland ist eine Insel der Kontraste:
zwischen der weißen Fassade und dem
Blau des Himmels (oben), den roten
Mohnblüten auf grünem Feld (Mitte),
der roten Mühle vor Wolken (unten)
und dem Weiß des Leuchtturms »langer
Jan« an Ölands Südspitze vor blauem
Himmel (rechte Seite unten).

UNESCO hat den Südteil der Insel auf die Liste des Weltkulturerbes gesetzt, weil hier das Wechselspiel zwischen Mensch und Natur in beeindruckender Weise zu sehen ist. Wie ein Flickenteppich reihen sich die Felder aneinander. Der Boden ist fruchtbar, die Erträge sind gut. Und im Inneren der Insel, wo der Untergrund die Pflanzen nicht so sprießen lässt, weil er entweder zu trocken oder zu nass ist, da ziehen Schafe und Rinder über die Weiden. Endlos lange Mauern aus unzähligen, lose gestapelten Steinen sorgen dafür, dass die Tiere an Ort und Stelle bleiben. Das auf den Feldern geerntete Getreide wurde in insgesamt 2000 Windmühlen zu Mehl verarbeitet. Das bedeutet, dass umgerechnet auf zehn bis 20 Einwohner eine Mühle kam und diese eher Statussymbol als wirklich notwendig waren. Diese Bockwindmühlen, bei denen die gesamte Konstruktion auf einem Pfahl steht und in den Wind gedreht werden kann, schieben sich auch heute noch überall auf der Insel ins Blickfeld. Immerhin sind 400 erhalten geblieben. »Insel der Windmühlen« ist daher auch ein Beiname, den Öland nicht umsonst trägt.

Kalk als Gestalter

Ein Grund für die Beliebtheit der Insel ist die Lage fernab der vom Westen heranziehenden Tiefdruckgebiete, die ihre nasse Fracht über dem Festland verlieren. Ein anderer Faktor ist jedoch der Untergrund: Während das schwedische Festland überwiegend aus Granit und Gneis besteht, ist Öland ein gigantischer Kalkfelsen, der in der Ostsee liegt. Und es ist dieses hellgraue Gestein, das einen über die Insel begleitet. Die Neptuni

åkrar nördlich von Byxelkrok ganz in der Nähe des Leuchtturms »Langer Erik« sind ein Beispiel hierfür. Eigentlich ist der Name, der auf den Naturforscher Carl von Linné zurückgeht, völlig irreführend. Denn auf den Feldern des Meeresgottes Neptun wächst meist nichts. Allenfalls im Sommer der Natternkopf, eine wunderschöne Pflanze mit tiefblauen Blüten. Trotzdem gehört der Strand zu den am häufigsten besuchten Zielen auf der Insel. Tausende und Abertausende von hellen, fast weißen Steinen hat das Meer am Strand aufgeschüttet.

Kalkgestein kommt auch bei den Byrum Raukar wieder ins Spiel. Wie Wachtposten stehen hier im Nordwesten von Öland 120 Felssäulen am Meeresstrand. Besonders beeindruckend sind die Naturskulpturen im Morgen- oder Abendlicht, wenn die rötlichen Sonnenstrahlen und lange Schatten ein kontrastreiches Wechselspiel aufführen. Die Felstürme sind bis zu vier Meter hoch und verdanken ihre Entstehung dem Wind und vor allem den Wellen, welche die mehr oder weniger harten Gesteinsschichten unterschiedlich stark abgetragen haben.

Wo der König Urlaub macht

Urlaubsatmosphäre nach so viel Natur? Die gibt es im kleinen Ort Borgholm, die sich ungefähr in der Mitte der Insel befindet. Restaurants und Cafés, Souvenirläden und auch ein wenig Jahrmarktatmosphäre bringen südliches Flair auf die Insel, die von sich behauptet, der Flecken in Schweden mit den meisten Sonnenstunden zu sein. Das hat sich natürlich schon längst bis ins Königshaus herumgesprochen. Die königliche

Familie verbringt ihren Sommerurlaub regelmäßig im Schloss Solliden in der Nähe von Borgholm. Zwei Nummern größer, jedoch auch erheblich zugiger, ist die Ruine Borgholm gleich in der Nachbarschaft. Allerdings hat das Gebäude seine besten Tage bereits lange hinter sich. Als sich im 18. Jahrhundert Schweden und Dänemark über ihren Hoheitsanspruch friedlich einigten, verlor das in der Nähe der Grenze errichtete, einst prächtige und trotzdem wehrhafte Barockschloss seine Bedeutung und verfiel. Den Garaus machte der Wehranlage ein Brand Anfang des 19. Jahrhunderts. Nur die Mauern blieben stehen – was der Anlage eine eigentümliche Atmosphäre verleiht und die einstige Größe des Schlosses umso mehr erkennen lässt. Und ganz im Süden der Insel, wo Land und Meer einen unablässigen Kampf ausfechten, steht auf einer kleinen, von Gras bewachsenen Erhebung der »Lange Jan«. Seit mehr als 200 Jahren gibt der Leuchtturm den Seefahrern die Richtung vor. Früher mit einem offenen Feuer, heute mit einer automatischen Lichtanlage. Die massige, weiß gestrichene und mit einem schwarzen Querstreifen versehene Konstruktion ist mit einer Höhe von knapp 42 Metern der höchste Leuchtturm Skandinaviens. Er gibt nicht nur Orientierung, sondern warnt auch. Denn rund um die Südspitze der Insel lauern zahlreiche Untiefen auf Beute.

EILAND IM KALMARSUND

Die Insel ist nur 86 Meter hoch, misst gerade einmal einen Kilometer im Durchmesser. Das ist nicht üppig. Doch lohnt eine Fahrt zur Insel Blå Jungfrun zwischen der Insel Öland und dem schwedischen Festland. Auf kleinstem Raum bietet die »Blaue Jungfrau« völlig verschiedene Landschaften. Rote Klippen zum Beispiel, die steil ins Meer abfallen. Ein romantisches Kiefernwäldchen, in dem sich Fledermäuse und Hasen als einzige Säugetiere tummeln. Dann noch Felsen am Ufer, welche die Brandung glatt gewaschen hat. Schließlich tiefe Klüfte, ein Steinlabyrinth und einige Höhlen. All das lässt sich im Nationalpark auf einem Rundwanderweg erkunden, der vom Strand über die höchste Erhebung wieder zum Bootsanleger zurückführt.

Anreise

Von Oskarshamn auf dem Festland und Byxelkrok auf Öland fahren regelmäßig kleine Schiffe zur Insel Blå Jungfrun.

Der fast unablässig wehende Wind hat die knorrigen Bäume im Trollwald an Ölands Nordspitze geformt.

Mühlen wie diese sind das Symbol für Öland (oben). Landwirtschaft (rechte Seite unten) und Fischfang (rechte Seite oben) waren wichtig für den Lebensunterhalt.

16 Trollwald – vom Winde geformt

Wer sich um Mitternacht an die Nordspitze von Öland wagt, muss mutig sein. Denn Trolle treiben dort im Wald ihr Unwesen. Das zumindest suggeriert der Name der Gegend: Trollskogen. Doch es gibt keinen Grund, den »Trollwald« zu meiden, denn er ist einfach nur ein Stück fantastischer Natur. Direkt am Strand stehen windzerzauste Bäume. Kiefern sind es zumeist, die den Herbststürmen der Ostsee an diesem exponierten Standort widerstehen. Doch dafür zahlen die Bäume einen Preis. Nicht senkrecht nach oben wachsen sie, sondern das Geäst muss sich der Kraft des Windes beugen. Krumm und schief stehen die Kiefern deshalb in der Landschaft, manche knorrig und einige Hundert Jahre alt, andere noch jung und im Schutz der alten Gehölze wachsend. Auch etliche Eichen haben hier Unterschlupf gefunden und erinnern an die Zeit, als Bauern ihr Vieh noch an der Nordspitze Ölands grasen ließen. Zwischen den Kiefern und Eichen hat sich ein reichhaltiges Tier- und Pflanzenleben entwickelt. So wachsen auf dem kalkigen Untergrund Karlszepter und Hundskerbel. Auch seltene Flechten gedeihen in dem Naturreservat, in dem Pilze und Algen eine für beide Seiten gewinnbringende Gemeinschaft eingegangen sind.

17 Weltkulturerbe an Ölands Südspitze

Karg. So kann man die südliche Landschaft auf Öland viele Monate im Jahr beschreiben. Gras und Heide so weit das Auge reicht. Nur unterbrochen von ein paar Wäldern, niedrigen Steinmauern und vereinzelten Höfen. Doch im Frühsommer ändert sich das Bild: Mit einer Blütenfülle aus Sonnenröschen, Fingerkraut, verschiedenen Orchideen- und Steinbrecharten sowie knallrot leuchtenden Mohnblumen und saftig grünen Wiesen scheint die Natur geradezu zu explodieren. Sobald die Sommersonne die Böden ausgetrocknet hat, regiert wieder die Kargheit. Auch Menschen trifft man in dem über 50 000 Hektar umfassenden Gebiet nur selten an. Trotzdem steht der Südteil der Insel Öland unter dem Schutz des UNESCO-Weltkulturerbes. Ausschlaggebend für den Schutzstatus ist ein Zusammenspiel von Mensch und Natur, das zu dieser einzigartigen Agrar-Kulturlandschaft geführt hat. Seit rund 5000 Jahren ist die Insel besiedelt, werden Feldfrüchte angebaut und wird Vieh gehalten. Trotzdem – oder gerade deshalb – hat sich im südlichen Öland ein reiches Tier- und Pflanzenleben entwickeln können. Herausragend ist dabei die Stora Alvaret, eine Heidelandschaft mit einer für Schweden einzigartigen Vegetation.

OSTSEE

18 Gotland – Ostseeinsel mit bezauberndem Charme

Lebendiges Mittelalter zwischen Sanddünen und Raukar

Wie ein Fels in der Brandung liegt die Insel Gotland mitten in der Ostsee. Im Mittelalter war sie ein bedeutender Handelsplatz, was auch heute an den vielen historischen Bauten zu erkennen ist. Hinzu kommt eine großartige Natur mit Sand und Felsen.

Sie war verzaubert, die Insel. Nur nächtens reckte sie ihre Felsen über den Meeresspiegel. Tagsüber tauchte das Eiland in den Ostseewellen unter. Doch dann kam ein Mann namens Tjelvar und entfachte ein Feuer auf der Insel – der Bann war gebrochen, Gotland von nun an immer sichtbar. Diesem Tjelvar muss man dankbar sein. Denn es fehlte eine einzigartige Insel in der Ostsee, würde Gotland immer noch unter Was-

ser sein. In der alten Sage ist jedoch auch ein Körnchen Wahrheit. Denn die Strandwälle am Ufer lassen erkennen, dass der Wasserspiegel einmal erheblich höher war.

Reiche Händler

Schon vor 8000 Jahren siedelten sich hier Menschen an. Dies zeigen in Form eines Schiffes aufgestellte Steinformationen, sogenannte Schiffssetzungen, aus

Der Dom (oben) prägt neben der gewaltigen Stadtmauer das Bild des mittelalterlichen Visby (unten). Stolz flattert die schwedische Flagge hoch über diesem Haus bei Bro (rechts).

der Bronzezeit und prächtige Bildsteine aus der Eisenzeit. In der Wikingerzeit wurde Gotland und vor allem die an der Ostseite der Insel liegende Stadt Visby zum Handelszentrum für den gesamten Ostseeraum. Und die Geschäfte gingen gut, wie zahlreiche Silberschätze zeigen. Ausländische Kaufleute, vor allem Deutsche, beherrschten den Handel, scherten sich jedoch nicht um die Landbevölkerung der Insel. Sie schotteten sich hinter dicken Mauern ab, die ab dem 13. Jahrhundert errichtet wurden. Als ein dänisches Invasionsheer 1381 gegen die Bauerntruppen der Insel zu Felde zog, verschanzten sich die reichen Händler hinter den Stadttoren von Visby und schauten zu, wie die Gotländer von den Dänen niedergemetzelt wurden. Doch im Laufe der Jahrzehnte schwand der Einfluss von Gotland. Im Jahr 1525 wurde durch einen Überfall der Lübecker der Niedergang der Insel besiegelt. Sie brannten Visby nieder.

Ritter und Gaukler

Vieles in Visby wurde Opfer der Flammen. Doch glücklicherweise überstanden etliche Gemäuer das vernichtende Feuer. Allen voran die 3,6 Kilometer lange Stadtmauer, die in Nordeuropa ihresgleichen sucht und mitsamt der vielen mittelalterlichen Bauten der Innenstadt seit 1995 zum Weltkulturerbe der UNESCO zählt. Wie vor Jahrhunderten schließt sie auch heute noch die Stadt zur Landseite ein. Blau-gelbe Schwedenflaggen flattern auf den Türmen der Mauer im Wind. Besonders während der alljährlich im August veranstalteten Mittelalterwoche weht der Hauch längst vergangener Zeiten durch Visby. Dann

reiten wackere Ritter auf prächtig geschmückten Pferden durch die Stadt, ziehen Spielleute ihre Instrumente aus den Kästen, während Gaukler das Volk unterhalten. Und das alles vor der Kulisse der altehrwürdigen Mauern der einstigen Handelsmetropole des Mittelalters. Diese Epoche hat jedoch nicht nur in der Inselhauptstadt ihre Spuren hinterlassen – die übrigens auch die einzige Stadt der Insel ist. In der Kirche von Bro suchen die Gläubigen schon seit rund 800 Jahren Schutz und Trost. In dem Gotteshaus sind romanischer und gotischer Stil vermischt, Kalkmalereien mit einer Christusdarstellung zieren die Kirchenbögen. Kurios die Kirchturmuhr aus dem 15. Jahrhundert: Sie trägt eine Inschrift auf Plattdeutsch!
Die Kirche von Dalhem gehört zu den berühmtesten Sakralbauten der Gotlands. Wie eine Kathedrale erhebt sie sich über die umgebenden Gebäude. Sie stammt aus der gleichen Zeit wie die Kirche von Bro. Bei klarem Himmel scheint die Sonne durch rund 800 Jahre alte Glasmalereien im Chor. Ein kurzer Spaziergang führt von der Kirche zu den Überresten einer Bahnlinie, auf deren Gleisen früher Züge fuhren. Zum letzten Mal schnaufte eine Lokomotive hier jedoch vor rund 50 Jahren.

Auf die Inseln

Visby ist sicherlich die Hauptattraktion, doch mitnichten das einzig Sehenswerte auf Gotland. Ganz im Norden, rund 40 Kilometer von der Hauptinsel entfernt, liegt die Gotska Sandön im Meer. Das kleine Eiland besteht, wie bei diesem Namen unschwer zu erraten, aus Sand. Ein dichter Kiefernwald im Innern der

Die Kirche von Farö (oben) ist sowohl von außen als auch von innen ein prächtiges Bauwerk mit langer Geschichte. Der enge Bezug zum Meer wird im Kirchenschiff deutlich (unten).

Mächtige Türme in der Stadtmauer schützten die Bewohner von Visby vor Überfällen (oben). In der Stadt selbst gibt es hübsche Details wie diesen Hauseingang (Mitte) oder das gemauerte Tor (unten) zu entdecken. Die Abendsonne rückt die Raukar von Fårö ins rechte Licht (rechts).

Insel verhindert, dass die Ostseestürme die Insel ins Meer blasen. Am Strand räkeln sich gerne einmal einige Kegelrobben und Sonnenhungrige. Ein einsames Plätzchen ist in dem Nationalpark überall zu finden. Nur durch einen schmalen Sund ist Fårö von der Hauptinsel getrennt. Auch hier spielt der Sand eine wichtige Rolle, bildet besonders im Gebiet der Bucht Sudersandsviken einen fantastischen Strand. An einigen Stellen sind sogar prächtige Dünen entstanden. Auf der westlichen Seite der Insel Fårö ragen mächtige Felstürme in den Himmel. Sie sind bis zu zehn Meter hoch und bestehen aus hartem, widerstandsfähigem Kalk. Das ist auch der Grund, warum sie Wind und Wellen trotzen konnten. Besonders stimmungsvoll sind die sogenannten Raukar, wenn die Abendsonne ihr warmes Licht auf sie wirft. Oder – dann ein wenig gruseliger – wenn dichter Nebel die Landschaft verhüllt und die Umrisse der Türme sich unvermittelt aus dem Grau schälen. Sehenswert ist auch die Kirche auf der seit langer Zeit bewohnten Insel. Sie erhebt ihren spitzen Turm nur einen Steinwurf von einer flachen Meeresbucht entfernt. Das Gotteshaus stammt zwar aus dem Mittelalter, wurde aber im 18. und 19. Jahrhundert mehrfach umgebaut. Die Wege auf der Insel führen alle sternförmig zur Kirche – ein Zeichen für die Bedeutung, welche die christliche Religion zumindest in der Vergangenheit auf der Insel hatte.

Kalkbrenner und Fischer

Kalk. Das ist nicht nur das Gestein, aus dem Gotland besteht. Kalk ist auch ein wertvoller Baustoff, der an vielen Stellen

der Insel genutzt wurde. Manchmal wurden ganze Felsblöcke aus dem Untergrund geschlagen, in großen Öfen gebrannt und zum Hausbau verwendet. Bei Bläse im Norden des Eilands ragen noch die Kamine in den Himmel – auch wenn sie schon lange nicht mehr rauchen. Seit Mitte des 20. Jahrhunderts werden die Öfen der Kalkbrennerei in Bläse nicht mehr angeheizt. Glücklicher-

weise wurde das Kalksteinwerk aber nicht abgerissen. Vielmehr kann man in den zu einem spannenden Museum umgebauten Gebäuden etliches über eine ausgestorbene Industrie erfahren. Wenn es um den Lebensunterhalt der Menschen geht, spielt auch der Fischfang eine große Rolle. Er war für die Inselbewohner immer eine wichtige Einnahmequelle. Gnisvärd, ein Stück süd-

lich von Visby, war einst eine der größten Fischersiedlungen auf Gotland. Von hier segelten die Fangboote hinaus auf das Bottnische Meer, wo sie auf reiche Fanggründe stießen. Noch heute stehen unmittelbar neben dem kleinen Hafen dicht an dicht bunte Holz- und Steinhäuser. Sie stammen aus der Zeit, als das Meer die Menschen auf der Insel Gotland ernährte.

WEINBAU AUF GOTLAND

Das Klima auf Gotland ist mild. Sogar so mild, dass trotz der nördlichen Lage Wein angebaut werden kann. Seit Mitte der 1990er-Jahre stehen Rebstöcke auf dem Kalkboden im Süden der Insel. Erst war es ein Versuchsfeld. Doch mittlerweile dienen einige Hektar als Rebfläche, auf denen der kostbare Tropfen aus Schweden angebaut wird. Dabei handelt es sich übrigens um das nördlichste kommerzielle Weingut der Welt! Die Preise dafür sind wie die Lage: exklusiv. Im Jahr 2002, dem ersten ernsthaften Erntejahr, wurden 500 Kilogramm Trauben gepflückt. Ziel ist es, in jeder Saison gut 15 000 Liter Wein herzustellen. Ein Problem ist allerdings das Monopol des schwedischen Staates auf Alkohol. Höherprozentiges ist nur in den Läden des »Systembolaget« erhältlich. Aber im kleinen Laden des Weinguts gibt es immerhin andere Köstlichkeiten zu kaufen.

Gute Vingård AB
Hablingbo
623 42 Havdhem
Tel.: 04 98 48 70 70
www.gutevin.se

19 Götakanal – romantische Landschaft, historische Dampfer

Auf dem »Blauen Band« durch Pippis Welt

Eine der populärsten schwedischen Sehenswürdigkeiten ist rund 190 Kilometer lang und zieht sich von Stockholm bis nach Göteborg: der Götakanal. An Bord der nostalgischen Schiffe erlebt man die liebliche schwedische Landschaft auf eine ganz eigene Art. Sogar ein Ausflug in die Welt von Pippi Langstrumpf ist möglich.

D as Tuten könnte sogar den König aus dem Bett werfen. So alt die »Juno« auch ist – das Schiff hat immer noch genug Puste, um mit seinem Horn alle im und um den Hafen vor der Stockholmer Altstadt wissen zu lassen: Jetzt komme ich! Vier Tage wird die »Juno« zur schwimmenden und manchmal auch schwankenden Wohnstatt. So lange dauert die Fahrt auf dem Götakanal von der schwedischen Hauptstadt bis nach Göteborg – mitten durch das Herz Schwedens. Anfangs geht die Fahrt direkt durch die Stockholmer Vororte. Die Wohnhäuser am Ufer mit ihrer modernen Architektur stehen in einem krassen Gegensatz zu dem mehr als 130 Jahre alten Schiff. Dann passiert die »Juno« das am östlichen Stadtrand von Stockholm gelegene Schloss Drottningholm. Bei Södertälje greift die Besatzung zum ersten Mal zu den Stangen, mit denen sie den Schiffskörper von der Schleusenwand fernhalten. Doch diese erste Stufe ist mit ihren 30 Zentimetern

Hubhöhe nur ein Warmlaufen für das, was im Lauf der Fahrt kommen wird. Denn die »Juno« wird auf einer Strecke von 190,5 Kilometern Länge in 58 Schleusen auf ziemlich genau 91,5 Meter über dem Meeresspiegel angehoben – und anschließend wieder auf Nullniveau herababgelassen.

Schaufeln, Sprengstoff & Branntwein

Dabei gleiten die Schiffe auch durch das kleine, an der Ostseeküste gelegene Städtchen Mem, wo 1832 der Götakanal feierlich eingeweiht wurde. König Karl XIV. Johan (1763–1844) ehrte hier den Erbauer Baltzar von Platen (1766–1829) für dessen Lebenswerk. Allerdings posthum. Denn der geniale Tausendsassa, der die 300 Jahre alte Idee zum Bau des Kanals in die Tat umgesetzt hatte, war drei Jahre zuvor gestorben. Unter seiner Regie hatten 58 000 Soldaten insgesamt 87 lange Kanal-Kilometer ausgegraben. Und das

Trotz der nördlichen Lage können die Bauern auf gute Ernten hoffen (linke Seite oben). Idylle à la Astrid Lindgren – hier in Sevedstorp/Bullerby (linke Seite unten). In dem Städtchen wird an Pippi Langstrumpf erinnert (oben).
In klassischem Rot ist das Schulhaus von Sevedstorp gehalten (unten).

Der hölzerne Turm der Kirche von Pelarne ragt in den Himmel (oben). Nostalgie statt Mobiltelefon: altes Münztelefon in Astrid Lindgrens Geburtsort Vimmerby (Mitte). Ein Fluss treibt die Räder der Mühle von Söderköping an (unten). Mit sechs Kilometern in der Stunde gleitet die »Juno« (rechte Seite unten) über den Götakanal (rechte Seite oben).

nur mit Hilfe von Schaufeln, Sprengstoff und etlichen Sonderrationen Branntwein. Die Strecke führt die drei nostalgischen Götakanal-Schiffe »Juno«, »Diana« und »Wilhelm Tham« zu zwei Dritteln über natürliche Gewässer, durch den Schärengürtel und über die offene Ostsee, wo auf dem Weg zum pittoresken Städtchen Trosa bei stärkerem Wind das Schiff auch einmal etwas ins Schwanken kommen kann. Über die beiden Seen Vättern und Vänern, die bei dieser Fahrt beeindruckend ihre gewaltigen Ausmaße spüren lassen und bei Sturm auch einmal etwas ungemütlicher werden können. Über stille Seen, an deren Ufer knorrige Eichen und alte Fichten sich im Wind wiegen, vorbei an rot-weißen Schwedenhäuschen, die in der Sonne glänzen und in deren Vorgärten Kinder auf Trampolinen springen.

Gesang an der Forsvik-Schleuse
Doch überall dort, wo die Fahrrinne ausgegraben wurde, ist der Wasserweg schmal. An einer Stelle sogar so eng, dass die Matrosen mit Stangen nachhelfen müssen, um das Schiff um die Ecke zu bugsieren. Und es kann zudem vorkommen, dass die Boote auf Grund laufen und sich danach wieder freischaukeln müssen. Höhepunkt einer jeden Fahrt sind die Schleusen: Bei Berg steigen die Schiffe über 20 Meter nach oben. Nacheinander sieben Schleusen sind nötig, um diesen Höhenunterschied zu bewältigen! Eine andere Schleusenpassage wiederum beeindruckt nicht durch ihre Höhe, sondern durch Gesang. Seit vielen Jahren empfängt eine Gruppe streng religiöser Schweden bei Forsvik jeden Götakanal-Dampfer

mit einem Lied und einem gedruckten Bibelvers. Doch nicht nur für das seelische, sondern auch für das leibliche Wohl ist gesorgt. Denn in den Kombüsen zaubern die Köche ebenso leckere Snacks wie köstliche Menüs mit lokalen Rohwaren. Wer sich nach dem guten Essen bewegen will, kann manchmal sogar neben dem Kanal laufen oder sich das Bordfahrrad ausleihen. Im Schnitt tuckern die Schiffe mit sechs Stundenkilometern durch den Kanal. Das ist das Tempo, das ein zügiger Wanderer auch schafft. Die Fahrt auf dem Götakanal ist eben eine Fahrt in einer anderen Zeit, in der das Tempo des Alltags seine Bedeutung verliert, während die Landschaft langsam an den Passagieren vorbeigleitet. Gleichzeitig ist sie jedoch auch eine Passage über eines der nationalen Monumente des Landes.

In der Welt von Astrid Lindgren
Sevedstorp? Unbekannt. Gibberyd auch? Nun gut, vielleicht hat man nie von diesen Orten gehört. Sie liegen ein Stück südlich des Götakanals in Småland. Aber gesehen hat man sie ziemlich sicher! Sevedstorp ist der richtige Name von Bullerby. Und Gibberyd, das ist der Katthult-Hof, auf dem Michel aus Lönneberga in den Michel-Filmen seine Streiche spielte. Wer am Weg vor dem Hof mit der roten Fassade und dem Walmdach steht, erinnert sich gerne an die Szenen der beliebten Kinderserie. Und sogar den Tischlerschuppen, in dem sich Michel auf der Flucht vor seinem jähzornigen Vater versteckte; den gibt es hier. Genau wie im Film.
Nur ein Katzensprung ist es von hier nach Vimmerby, wo die geistige Mutter

all dieser Figuren zur Welt kam: Astrid Lindgren (1907–2002). Vielleicht ist es kein Zufall, dass viele ihrer Geschichten mit Småland verbunden werden, auch wenn sie viele Jahre ihres Lebens in Stockholm verbracht hat. Småland repräsentiert das Bild von Schweden, das in vielen Köpfen existiert: Rote Holzhäuser mit weißen Fensterrahmen und einem Schuppen hinter dem gepflegten Garten. Schmucke Dörfer mit historischen Holzhäusern wie in Eksjö oder der mittelalterlichen Holzkirche von Pelarne mit ihrem freistehenden Turm. Wälder, in denen auf Felsblöcken dicke Moospolster wachsen wie im nahe gelegenen Nationalpark Norra Kvill. Und Seen, an denen Kraniche und Schwäne brüten und auf deren Wasserspiegel sich die Wolken des blauen Himmels spiegeln. Alles ein Klischee, das aber oft der Realität nahekommt. Zwar starb Astrid Lind-

gren im Januar 2002 in Stockholm. Ihre Geschichten jedoch leben weiter. Auch in Vimmerby, wo der Theater- und Erlebnispark »Astrid Lindgrens Welt« die Attraktion für Kinder aus Småland, ja sogar aus ganz Schweden darstellt. Hier stehen natürlich die Villa Kunterbunt und der Katthult-Hof, die Mattisburg und die Krachmacherstraße. Und Pippi und Michel, Karlsson und Ronja Räubertochter und viele andere Figuren aus der Feder Astrid Lindgrens laufen zur Freude Tausender Kinder im Park herum und erwecken die Geschichten zum Leben. Mama und Papa werden dann bisweilen wehmütig, denn ihre Jugend liegt doch schon einige Jahre zurück. Die Erzählungen von der schwedischen, mit dem alternativen Nobelpreis und vielen anderen Ehrungen ausgezeichneten, Schriftstellerin werden nicht vergessen.

SEEFAHRERROMANTIK AUF KLEINEM RAUM

Die historische Fahrt von Göteborg nach Stockholm oder umgekehrt wird seit Gründung der Reederei 1869 angeboten. Die Größe der Schiffe richtet sich nach den Maßen der Schleusen des Kanals, weshalb üppiger Luxus nicht erwartet werden darf. Dafür besitzen die drei bis zu 100 Jahre alten Schiffe eine Atmosphäre, die Seefahrerromantik aufkommen lässt. Gegessen wird in der Messe, Kaffee wird bei schönem Wetter nachmittags an Deck serviert. Je nach Reise gibt es unterwegs genügend Zeit, um Sehenswürdigkeiten entlang der Strecke anzuschauen.

Rederi AB Göta Kanal
Pusterviksgatan 13
S-413 01 Göteborg
Tel.: 0 31 80 63 15
bookings@gotacanal.se
www.gotacanal.se

In Gamla Linköping werden Erinnerungen an alte Zeiten wach (oben). In diesem Geschäft in Linköping gibt es so ziemlich alles zu kaufen (unten). Die Kraft des Wassers lockte Industrieunternehmen nach Norrköping (rechte Seite unten).

20 Östergötland – lebendige schwedische Geschichte

Gamla Linköping & Norrköping – Kleinstadtidylle und Industriearchitektur

Das Leben der Menschen in der guten alten Zeit übt immer noch eine große Faszination aus. In Gamla Linköping wird es auf beeindruckende Weise näher gebracht. Im Kontrast dazu steht die historische Industriestadt Norrköping.

Die Stadt ist eine der schönsten Schwedens. Und hat gleichwohl nie existiert. Gamla Linköping heißt nichts anderes als »Altes Linköping« und ist ein Freilichtmuseum, ja ein eigener Stadtteil von Linköping. Und was für einer! Man muss den Stadtvätern von Linköping Respekt zollen. Als die Stadt in den 1940er-Jahren wuchs und man Platz für neue Häuser brauchte, wurden viele der alten Gebäude nicht einfach abgerissen. Man zerlegte sie vielmehr fein säuberlich, transportierte sie an den Stadtrand und baute sie dort wieder auf. Wer über das Kopfsteinpflaster der Stadt läuft, fühlt sich sofort um Jahrzehnte zurückversetzt. Kein Gedanke mehr daran, in einer künstlichen Stadt zu sein. Ganz im Gegenteil. Dies ist der Ort, um gedanklich in einem Bild des alten Schwedens zu schwelgen, ja es sogar zu leben.

Waschmittel und Waffeln

Da ist das Postamt mit Posthorn und Krone auf der Fahne. Königlich ist es

natürlich. Und es strahlt den Stolz und die Würde aus, die auch die Polizisten mit ihren stählernen Pickelhauben vermitteln. Im Handelsbod, dem Dorfladen, werden auf Metallschildern Solo-Kaffee und Zenith-Margarine angepriesen. Marken, die es heute in keinem Supermarktregal mehr gibt. Und wer kennt noch Lagerman's Tvättpulver, ein Waschmittel? Dann um die Ecke die Apotheke, die so aussieht wie vor 100 Jahren – mit Tiegeln, Töpfen und Balkenwaagen. Hinzu kommen etliche Wohnhäuser und Höfe. Der des Barons von Lingen zum Beispiel, der nach dem Stand von 1820 rekonstruiert wurde. Die Villa der Bildhauerin Carin Nilson aus dem Jahr 1882. Oder – als Kontrast dazu – Solliden, eine Arbeiterwohnung aus den zwanziger Jahren des letzten Jahrhunderts, in dem eine Holzfällerfamilie wohnte. Dann das alte Schulhaus, wo noch mit Kreide auf Schiefertafeln geschrieben wurde. Andere Häuser und Wohnungen in Gamla Linköping sind sogar nach wie vor bewohnt. In »Dahl-

berg's Café« am Hauptplatz werden am Nachmittag frische Waffeln mit Marmelade und viel Schlagsahne serviert. Schwedischer geht es kaum. Und wenn dann von den Musikanten des Ortes alte schwedische Weisen vorgetragen werden, fühlt man sich wie ein Darsteller in einem Astrid-Lindgren-Buch.

Industriearchitektur in Norrköping

Welch ein Kontrast dazu in Norrköping. Wie weggeblasen ist die Kleinstadtidylle von Gamla Linköping. Die Nachbarstadt Norrköping ist eine Industriestadt mit langer Tradition. Und das hat sie dem Fluss Motala Ström zu verdanken, der vom Vättern durch die Stadt hindurch in die Ostsee fließt. Dass er im Stadtgebiet ein Gefälle von 22 Metern aufweist, hat vor langer Zeit Lachse angelockt und das Interesse der Könige geweckt. Die Herrscher reservierten sich die einträglichsten Plätze für den Fischfang. Und

später, als die Industrialisierung auch in Schweden Einzug hielt, da war diese Wasserkraft eine begehrte Energiequelle. So wurden hier schon im 17. Jahrhundert Messing, Papier und Seile hergestellt. Sogar Schiffe gebaut. Wichtig wurde vor allem die Textilindustrie, die lange Zeit das Leben der Stadt bestimmte.

Heute bestimmen Häuser aus dem 18. und 19. Jahrhundert das Stadtbild rund um den Gamla Torget, den »Alten Platz«. Architektonisch ungemein interessant und auch von grafischer Schönheit sind viele der alten Industriegebäude, die sich entlang des Motala Ström aufreihen. Mit dem Niedergang der Industrie zerfiel auch ein großer Teil der Häuser in den 1970er-Jahren. Doch man fand neue Nutzer. Das Symphonieorchester der Stadt fand hier eine Bleibe und in eine ehemalige Weberei zog das Museum der Arbeit ein.

NORRKÖPINGS ARBEITERMUSEUM

Auf einer Insel mitten im Motala Ström liegt das Arbeitermuseum von Norrköping. Der Bildhauer Carl Milles (1875–1955) bezeichnete die ehemalige Baumwollfabrik als das schönste Industriegebäude Schwedens. Heute, nach dem Niedergang dieser Industrie, erfährt man viel Interessantes über die frühere Arbeitswelt und das oft harte Leben der Menschen im gesamten Land. Besonders eingegangen wird auf die Industriegeschichte von Norrköping mit seinen direkt am Fluss gelegenen Fabriken.

Arbetets museum
Laxholmen
602 21 Norrköping
Tel.: 011 18 98 00
www.arbetetsmuseum.se

79

21 Södermanland & Östergötland – im Reich des Landadels

Kronjuwelen der Romantik

Schlösser und Herrenhäuser, dazu Seen und Wälder: Die Gegend rund um den See Mälaren lässt das Herz von Romantikern schneller schlagen. Und das nicht nur, wenn sie zu Fuß oder mit dem Fahrrad auf dem sogenannten Sörmlandsleden unterwegs sind.

Im Umfeld Stockholms siedelten sich Adlige und Industrielle an und bauten prächtige Landsitze wie Schloss Torönsborg (oben) oder Björksund (unten). Schloss Mauritzberg konnte bequem mit dem Boot erreicht werden (rechte Seite unten).

Fische schwammen vor einigen Tausend Jahren noch da, wo heute die Herrenhäuser und Landsitze der Provinz Södermanland stehen. Das von der Eislast befreite Land hob sich, während das sich zurückziehende Meer fruchtbares Ackerland hinterließ. Bauern siedelten sich in der flachen Landschaft südlich des Mälaren an und brachten zumeist reiche Ernte in ihre Speicher ein. Und das gilt auch heute noch. Knapp die Hälfte aller schwedischen Ackerflächen liegt in der mittelschwedischen Senke, zu der auch die Provinzen Östergötland und Södermanland gehören.

Anmutiger Reichtum

»Södermanland stellt eine der anmutigsten Gegenden des ganzen Schwedenreichs dar, denn es besitzt reichlich Wald, Obstbäume, Tiere, Vögel und Fische und ist fruchtbar an Pflanzen, Saaten und Getreide«, so ist in einer Schrift aus dem Jahre 1677 zu lesen. Anmutig: Damit gemeint ist eine Landschaft mit unzähligen kleinen, lauschi-

gen Seen, auf denen Seerosen blühen und an deren Ufer im Schilf Enten oder Schwäne brüten. Eine Region mit verwunschenen Wäldern, in denen Pilze sprießen und Blau- und Preiselbeersträucher wie ein Teppich den Boden bedecken. Wo über den Mooren im Herbst der Nebel wabert und Elche in der Dämmerung am Waldrand äsen.

Schlösser und Herrenhäuser

Södermanland, meist auch als Sörmland bezeichnet – ein vielfarbiger, lieblicher Flickenteppich mit herrlicher Natur. Das – und die Nähe zu Stockholm – begeisterte ab dem 17. Jahrhundert auch den reich gewordenen Adel, sodass dieser in den Provinzen Sörmland und Östergötland romantische Schlösser und pompöse Herrenhäuser als Sommerresidenzen bauten. Mehr als 400 dieser Prachtbauten stehen rund um den Mälaren. Hörningsholm beispielsweise einige Kilometer südlich von Södertälje oder auch das Schloss Stora Sundby am See Hjälmaren, das mit seinen Türmen und Giebeln an ein englisches Adelsschloss erinnert.

Und Schloss Tullgarns an einer Ostseebucht bei Södertälje kann mit einer besonders vornehmen Innenausstattung aufwarten.

Torönsberg in der Nähe von Söderköping ist ein weiteres Beispiel für prachtvolle Architektur. Das steinerne Hauptgebäude stammt aus der Mitte des 18. Jahrhunderts und ist wunderschön auf einer Landzunge gelegen. Das Schloss ist umgeben von einer prächtigen Gartenanlage.

Beeindruckend auch das Schloss Nynäs, das ebenfalls unter dem Namen Björksund bekannt ist. Es liegt an einem See ganz in der Nähe des idyllischen Ortes Trosa. Den kann man mit einem Boot über das Meer erreichen, denn gerade einmal ein paar Hundert Meter entfernt befindet sich das Schärenreich der Ostsee mit kleinen Inseln und romantischen Buchten. Ganze 350 Jahre ist das prächtige Gebäude alt. Die gelbe Fassade strahlt mit ihrer symmetrischen Architektur eine schon fast aristokratische Ruhe aus.

Zu Fuß von Schloss zu Schloss

Viele dieser architektonischen Schätze sind über den Sörmlandsleden zu erreichen, einen über 800 Kilometer langen Wanderweg. Dank gut ausgeschilderter Radwege kann Sörmland auch im Sattel eines Stahlrosses erlebt werden. Und wer es besonders stilvoll mag, kann im Sattel eines richtigen Pferdes von Schloss zu Schloss reiten. Dabei wird man sicherlich eines feststellen: Die Gutsbesitzer wussten, wo die prächtigsten Orte für ihre Anwesen sind. Einige der Schlösser und Herrenhäuser sind für die Öffentlichkeit zugänglich, andere wurden in Hotels umgewandelt und wieder andere dienen als Privatresidenz. Eines ist jedoch allen gemein: Sie sind eine Zierde in der idyllischen Landschaft.

URLAUB IN BLAUBLÜTIGEM AMBIENTE

Übernachten und essen wie die Herrschaften früher? Im Schloss Mauritzberg an einem Meeresarm der Ostsee zwischen Nyköping und Norrköping ist das und noch vieles mehr möglich. Hier findet man exklusive Ferienhäuser, einen anspruchsvollen Golfplatz, eine Marina sowie ein Wellness- und Konferenzhotel in einzigartiger Umgebung. Dabei wird das historische Andenken des 400 Jahre alten Anwesens gewahrt. Und wem Schloss Mauritzberg bekannt vorkommt: Es diente auch schon als Kulisse für Inga Lindström-Filme.

Schloss Mauritzberg
Mauritsbegsvägen 5
S-61031 Vikbolandet
Tel.: 01 25-5 01 00
service@mauritzberg.se
www.mauritzberg.se

22 | Trosa & Stendörren – Idylle aus dem Bilderbuch

Filmstars in den Schären

Das malerische Städtchen Trosa und das Naturreservat Stendörren an der schwedischen Ostküste dienten schon als Kulisse für die deutschen TV-Filme der »Inga Lindström-Reihe«. Die Realität übertrifft das im Fernsehen gezeigte Bild jedoch bei Weitem.

Das Ende der Welt ist ein malerischer Ort hinter den Schären und heißt Trosa. Das »mit dem Ende der Welt« ist in einem schwedischen Reiseführer zu lesen, das mit dem »malerischen Ort« ist der Eindruck, den wohl jeder Besucher erhält, wenn er durch das Dorf flaniert. Kurioserweise ist der kleine, abseits gelegene Flecken an der Schärenküste südlich von Stockholm eine der ältesten Städte Schwedens, spielte sogar einmal eine Rolle als bedeutender Handelsplatz,

Das pittoreske Städtchen Trosa mit seinem hübschen Rathaus (oben) ist das Ziel vieler Touristen. Die Schönheit des Ortes liegt auch im Detail verborgen (unten). Schären und Wasser gehen im Nationalpark Stendörren an der Ostküste eine fantastische Verbindung ein (rechts).

dann als Fischerdorf. Damals lag der Ort zudem noch einige Kilometer weiter im Landesinnern, bevor sich das Meer aufgrund der Landhebung immer weiter nach Osten zurückzog.

Akkordeon, Dampfschiffe & üppige Rosensträucher

Doch die Schönheit des abgeschiedenen Städtchens lockte seit dem 19. Jahrhundert immer mehr Sommergäste in den Schärenort. Die noble Sommergesellschaft feierte Maskenbälle, kam zu festlichen Dinners zusammen oder traf sich zum Tanz. Sogar eine Spa-Anlage wurde gebaut, obwohl man diesen Begriff damals noch nicht kannte. An den Pollern am Hafen machen heute die Skipper der Freizeitboote fest, im Sommer zudem die nostalgischen Schiffe der Götakanal-Flotte. Jedes Mal, wenn die »Juno« oder die »Diana« am Kai anlegen, schnappt sich Anders, ein Schwede weit jenseits des Pensionsalters, sein Akkordeon und läuft zum Hafen. Er setzt sich auf eine Bank neben dem Schiff und empfängt die aus der ganzen Welt angereisten Gäste mit schwedischen Liedern, besingt Seen und Wälder, aber auch das Meer und natürlich die Liebe, die so schön sei in diesem prächtigen Land. So manchem fällt es schwer, sich von dem Musiker loszureißen. Doch man versäumt etwas, würde man nicht dem Trosa-Fluss in die Stadt hinein folgen: Hübsche Vorgärten, in denen mit viel Liebe, etwas Dünger und Wasser Rosen an den Holzfassaden emporklettern. Gelbe, weiße und rote Häuschen, die sich im Wasser des Kanals spiegeln. Fenster, in denen Buddelschiffe und Katzen liegen. Verschnörkelte, altmodische

Bänke im Schatten dicht belaubter Bäume, von denen man den kleinen Booten zusehen kann, die im schmalen Fluss durch den Ort schippern.
Nach einigen Stunden legen die Götakanal-Schiffe wieder ab. Und für Freizeitskipper haben die Schären weitere interessante Ausflugsziele zu bieten – wie das Naturreservat Stendörren ein paar Seemeilen weiter südlich.

Filmkulisse als Geheimtipp

Das Tor zum Meer. So wird Stendörren in alten Seebeschreibungen genannt. Viele Segler und Motorboote nutzen diesen engen Durchschlupf zwischen einer grasbewachsenen Halbinsel und einer felsigen Schäreninsel. Dort wacht am Ufer ein rotes Schwedenhäuschen, über dem die blau-gelbe Flagge weht. Eine Idylle! Diesen Eindruck müssen auch die Macher der Inga-Lindström-Filme bekommen haben. Das Naturreservat bildete die malerische Kulisse für einige dieser Herz-Schmerz-Filme, die via Fernsehen den Zuschauern das nordische Land näherbringen.
Das Gebiet ist nicht groß, gerade einmal 900 Hektar umfasst es. Gleichwohl ist Stendörren ein Kaleidoskop verschiedener Landschaftstypen. Man findet hier Wiesen mit bunten Blumen, über die schnarrende Gänse gemächlich schreiten, schroffe Felsen, die mit Flechten bewachsen sind, kleine Wäldchen, in deren Schatten Farne gedeihen. Erkundet werden kann Stendörren auf schmalen Wanderwegen, die über Hängebrücken bis auf die äußersten Schären führen. Und das Beste: Dieses kleine Paradies ist trotz Inga Lindström noch ein Geheimtipp!

SPAZIERGANG AUF DIE SCHÄRE

Ganz schön wackelig! Doch wer nicht auf die Insel Stora Kroksholmen im Stendörren Naturreservat schwimmen will, der muss den etwas abenteuerlichen Weg über die Brücke nehmen. Und keine Bange, das macht Spaß! Drüben auf dem Inselchen kann man sich mit dem Rücken an den Stamm einer Kiefer anlehnen und genießen. Draußen auf einem aus dem Wasser ragenden Felsen streiten sich zwei Möwen laut kreischend um einen kleinen Fisch. Am Himmel kreist ein großer Vogel auf der Suche nach Beute. Im flachen Wasser der Bucht kriecht ein Krebs über die Felsen und sucht Schutz unter einem Stein. Die Schönheit einer Landschaft muss nicht überwältigen, sie kann auch im Detail liegen. Wie beim Naturreservat Stendörren.

Stendörren Naturreservat

Lage: E4 zwischen Stockholm und Nyköping. Abzweig der Straße 219 nach Studsvik/Stendörren.
Infozentrum Tel.: 01 55 26 31 80

23 Stockholm – eine grüne Metropole auf 14 Inseln

Das wahre »Venedig des Nordens«

Eine hervorragend erhaltene Altstadt, ein ungemein facettenreiches Kulturleben und eine faszinierende Landschaft, die sich mit dem internationalen Flair einer Großstadt und südländischer Lebendigkeit vermischen: Das ist Stockholm, die schwedische Hauptstadt.

Ein weiter Schwung mit den Armen, dann fliegt die Schnur in hohem Bogen ins Wasser. Wenige Minuten vergehen, der Köder zuckt – und ein Fisch zappelt am Haken. Scheint ein guter Platz zum Angeln zu sein. Und ein exklusiver dazu – mitten im Herzen von Stockholm zwischen dem Königlichen Schloss und der Oper! Als »Venedig des Nordens« wurden schon einige Städte bezeichnet, aber kaum eine mit so viel Berechtigung wie Stockholm. Denn genau wie ihr südliches Pendant wird die schwedische Hauptstadt von einem geprägt: dem Wasser. Stockholm liegt auf 14 Inseln und hat 52 Brücken. Ein Drittel der Fläche besteht aus Wasser! Das ist auch ein Grund, warum das Boot ein ideales Transportmittel ist, um zwischen den Inseln zu pendeln. Im Zentrum Stockholms ist man am besten zu Fuß unterwegs oder – bei weiteren Strecken – mit der U-Bahn, der sogenannten »Tunnelbana«. Denn schon allein aufgrund der künstlerischen Ausgestaltung vieler U-Bahn-Stationen ist eine solche Fahrt einen eigenen Programmpunkt wert. Erstmals urkundlich erwähnt wurde die Stadt 1252. Sie soll von Birger Jarl gegründet worden sein, der dort, wo heute das Schloss steht, einen Turm bauen ließ und einen weiteren an der gegenüberliegenden Stelle der Insel. Dazwischen wurden Mauern errichtet und in deren Schutz dann die Häuser. Damals war Stockholm noch ein unbedeutender Flecken an der schwedischen Ostseeküste. Doch das änderte sich aufgrund der strategisch günstigen Lage zwischen der Ostsee und dem Mälaren rasch. Denn wer mit dem Schiff ins schwedische Kernland wollte, der musste an den Türmen der Stadt vorbei.

Flammen über »Tre Kronor«

Handwerker strömten in die Stadt, Händler kamen, auch das Militär. Ende des 17. Jahrhunderts lebten bereits 45 000 Menschen unterhalb der Burgmauern Tre Kronor. Für damalige Verhältnisse eine stattliche Zahl. Doch dann geschah die Katastrophe. Am 7. Mai 1697 ging die Burg in Flammen auf, und dicke Rauchschwaden verdunkelten

Vom Rathausturm schweift der Blick über Stockholm (linke Seite oben). In Sichtweite des markanten Gebäudes legen die Schiffe zum Mälaren ab (linke Seite unten). Der Eingang zum Schlosspark Drottningholm gibt einen Vorgeschmack auf die prunkvolle Anlage (oben). Stockholm lässt sich bestens in einer Kutsche erfahren (unten).

Schloss Drottningholm gehört zum Welt-kulturerbe (oben) und wird von Garde-soldaten bewacht (Mitte). Das Treppen-haus des Schlosses ist prächtig ausge-schmückt (unten). Von diesem Geschäft in der Altstadt wurde früher der könig-liche Hof mit Schmuck beliefert (rechte Seite unten).

den Stockholmer Frühlingshimmel. Zu retten gab es nichts. Binnen Stunden wurde aus dem stolzen Gebäude ein Haufen Schutt und Asche. Nur der Nordflügel blieb stehen. Überreste die-ser alten Festung sieht man heute noch im Museum des Königlichen Schlosses, das auf den Grundmauern der abge-brannten Burg errichtet wurde. Denn der mitten in der Pubertät steckende Karl XII., kurze Zeit davor König gewor-den, wollte das royale Domizil umge-hend wieder aufbauen lassen. Und es sollte, so sein Wunsch, das größte bis dahin errichtete Gebäude Schwedens werden. Anstelle der mit vielen Türmen und Erkern ausgestalteten Burg entstand ein monumentaler Bau, der jedoch erst rund 70 Jahre später fertig wurde – und heute eine der wichtigsten Sehenswür-digkeiten Stockholms ist. Der heutige König wohnt zwar nicht mehr in seinem Schloss, nutzt es aber als täglichen Arbeitsplatz sowie für repräsentative Zwecke. Auch Staatsempfänge finden hier statt. Dann weht die schwedische Flagge über dem Gebäude, gesellen sich weitere altmodisch-schick gekleidete Sol-daten zu ihren Kollegen, die im Hof des Schlosses zur Freude der Touristen den Wachwechsel aufführen.

In den Gassen der Altstadt

Neben dem Schloss sind die schmalen und verwinkelten Gassen der Altstadt, »Gamla Stan« genannt, ein Muss für den Stockholm-Besuch. Im Schatten der prächtigen Handelshäuser der Väster-långstraße spielt sich das Leben ab, buhlen unzählige Cafés, Restaurants und Boutiquen um die Gunst der Gäste. Zentrum der Altstadt ist der Platz Stor-

torget, der von prächtigen, dicht an dicht stehenden mittelalterlichen Häu-sern umgeben ist. Nur ein paar Schritte sind es vom Stortorget zur Storkyrkan, mit deren Bau im 13. Jahrhundert begonnen wurde. Die Fassade der Kir-che ist im Barockstil gehalten, während im Inneren der Domkirche die Gotik prägend ist. Lange Zeit spielten deut-sche Kaufleute eine wichtige Rolle im Wirtschaftsleben der Stadt. Mit der Tyska Kyrka, der »Deutschen Kirche«, bekamen sie im 17. Jahrhundert sogar ihr eigenes Gotteshaus. Über eine Brü-cke gelangt man auf die Nachbarinsel Riddarholmen, die für die jeweiligen Herrscher eine besondere Rolle spielte. Hier fanden im Riddarhuset die Zusam-menkünfte des Adels statt, und im Boden der Riddarholmskirche sind die schwedischen Könige bestattet. Vom Platz Nybroplan mit dem Dramatischen Theater führt der Boulevard Strand-vägen am Wasser entlang zur Museums-insel Djurgården. Ein Muss ist hier das Vasamuseum mit dem Regalschiff »Vasa«, das im Jahre 1628 bei seiner Jungfernfahrt vor dem Stockholmer Hafen sank. Nachdem es 333 Jahre lang in 32 Metern Tiefe auf Grund gelegen hatte, wurde es 1961 gehoben und bekam nach jahrelanger Restaurierung sein eigenes Museum.

Ein paar Schritte weiter steht man am Eingang zum Skansen, dem ältesten Freilichtmuseum der Welt, das 1891 eröffnet wurde. Im Sommer wird musi-ziert und getanzt, in der Adventszeit ein stimmungsvoller Weihnachtsmarkt mit vielen Buden aufgebaut, aus denen es verführerisch nach Pfefferkuchen und Glühwein duftet.

Das moderne Stockholm

Stockholm besteht jedoch nicht nur aus historischen Häusern. Moderner wird es auf Norrmalm, dem Zentrum der Stadt mit den großen Geschäftsstraßen und der Fußgängerzone, auf der man zum Platz Sergels Torg mit dem 37 Meter hohen Glasobelisk bummelt. Ausspannen nach ein paar Stunden in der Stadt kann man hervorragend in den Straßencafés am Park Kungsträdgården – wie in vielen anderen Parkanlagen der Stadt auch. Immerhin beherbergt Stockholm den weltweit ersten Stadt-Nationalpark. Weithin sichtbar ist das auf Kungsholmen liegende Stadshus. Von seinem Turm hat man den besten Blick über die Häuser der Stadt und die Schiffe, die auf dem Riddarfjärden in Richtung Mälaren fahren. In einem großen Saal des Backsteingebäudes findet alljährlich das Nobelpreisbankett statt. Ein wenig

abseits der üblichen Touristenpfade liegt die Insel Södermalm, ein ehemaliges Arbeiterviertel, das heute alternativ und multikulturell geprägt ist. Hier liegen die Geschäftsstraßen Hornsgatan und Götgatan. Zahlreiche Kneipen reihen sich rund um die Götgatan und das legendäre »Mosebacke«-Etablissement am Platz Mosebacke Torg aneinander, in dem Live-Musik, Shows, Tanz, diverse Clubs und eine große Außenterrasse geboten werden.

Vom gegenüberliegenden Ufer in der Nähe des Stadshus legen die Schiffe zum Schloss Drottningholm ab, das auch als »schwedisches Versailles« gilt. Die prächtige Anlage mit ihrem berühmten Theater ist nicht nur von der UNESCO zum Weltkulturerbe erklärt worden, sondern hier wohnt auch die Königsfamilie. Und der Adel weiß ja bekanntlich, wo es schön ist.

ÜBERNACHTEN AUF EINEM DREIMASTER

Direkt vor der Insel Skeppsholmen liegt das Segelschiff »af Chapman«. Man könnte mit dem Dreimaster noch fahren. Doch seit mehr als 50 Jahren ist es eine schwimmende Herberge – die oft wochenlang im Voraus ausgebucht ist. An Bord genießt man nicht nur den Aufenthalt auf dem rund 120 Jahre alten Schiff, sondern auch die Aussicht auf die Altstadt und das Königliche Schloss gegenüber.

Vor wenigen Jahren ist das ehemalige Handelsschiff grundlegend renoviert und modernisiert worden. Dabei ging man äußerst behutsam vor. An Bord des Schiffes herrscht immer noch die Atmosphäre aus der Zeit, als die »af Chapman« auf großer Fahrt war.

Svenska Turistföreningen
Box 17251
S-104 62 Stockholm
Tel.: 08-4 63 21 00
www.svenskaturistforeningen.se

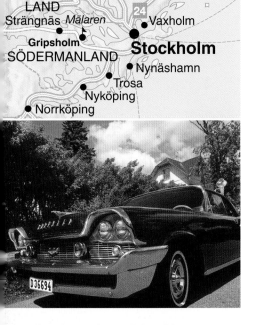

Schweden ist das Land der Oldtimer-Freaks. Die liebevoll aufpolierten Gefährte (oben) werden an den Wochenenden gerne ausgefahren, zum Beibspiel nach Vaxholm (rechte Seite oben).

Ganz maritim gibt sich das Städtchen Nynäshamn (oben und rechte Seite unten).

24 Vaxholm und der Schärengarten

Zwei Wege gibt es für den, der mit dem Schiff nach Stockholm will. Zum einen ist da die 200 Meter schmale Durchfahrt durch die Oxdjupet, an der rechts und links die dicken Mauern und Schanzen der Festung Oskar-Fredriksborg beeindrucken. Zum anderen gibt es die Festungsanlage von Vaxholm. Als die Herren des schwedischen Reichstags im 16. Jahrhundert deren Bau an der Zufahrt nach Stockholm in Auftrag gaben, hatten sie zwei Dinge im Kopf: Natürlich ging es darum, die Stadt gegen Angriffe von der See zu schützen. Man hoffte aber auch auf kräftige Einnahmen durch Zölle, die auf die Waren erhoben wurden. Und scheinbar ist es geglückt. Vaxholm ist heute eine idyllische Kleinstadt mit bunten Häusern, in der vom emsigen Treiben der nahen Großstadt Stockholm nichts zu spüren ist. Nicht zuletzt deshalb haben etliche gut Betuchte ihr Domizil auf der Schäreninsel aufgeschlagen und brausen im Sommer vorzugsweise mit dem eigenen Boot ins Zentrum der schwedischen Hauptstadt. Umgekehrt zieht es viele Stockholmer – und natürlich auch Touristen – hinaus nach Vaxholm. Die dortige Uferpromenade ist ein prächtiger Platz für ein paar Mußestunden am Abend oder am Wochenende.

25 Nynäshamn – Tor zur Ostsee

Ein Picknickkorb und gute Laune. Das sollte für einen schönen Tag am Strandvägen in Nynäshamn genügen. Egal, ob man zu Fuß, mit dem Fahrrad oder auf Inlinern unterwegs ist. Der am Strand verlaufende Weg ist seit rund hundert Jahren beliebt für einen Ausflug hinaus in die Schären. Damals baute man einen bequemen Zugang für die Zuschauer der Segelwettbewerbe im Rahmen der Olympischen Spiele in Stockholm. Heute geht es nur dann um Geschwindigkeit, wenn PS-starke Speedboote oder Wasser-Skooter über das Meer preschen. Aber das ist selten genug. Ansonsten ist am Ostseestrand nur das leise Plätschern der Wellen zu hören, vielleicht einmal eine Fahrradklingel oder ein fröhliches Lachen, das von einem der vorbeifahrenden Segelboote herüber schallt. Belohnt wird man mit fantastischen Ausblicken auf die Inselwelt und sogar auf die offene Ostsee. Frühaufsteher können den Sonnenaufgang erleben. Nynäshamn selbst ist ebenso einen Bummel wert. Eine freundliche, maritime Atmosphäre bestimmt das Stadtbild. Kein Wunder, schließlich ist der vor den Toren Stockholms liegende Ort eine Hafenstadt, von deren Kai die Schiffe nach Gotland, Lettland und Polen ablegen.

Nur wenige Hundert Meter von Schloss Gripsholm entfernt (unten) wurde Kurt Tucholsky auf dem Friedhof von Mariefred begraben (oben).

26 Schloss Gripsholm – Herrscher, Macht & Dichterseelen

Bilder-Geschichte am Mälaren

Kaum ein Ort in Schweden ist so eng mit Deutschland verbunden wie Schloss Gripsholm. Das idyllisch am See Mälaren gelegene Schloss gehört zusammen mit dem Ort Mariefred zu den beliebtesten Sehenswürdigkeiten des Landes.

Ein See mit klarem Wasser, ein Dorf mit pittoresken rot-weißen Häuschen, eine Insel mit einem Schloss, dazu weiß-blauer Himmel: Eine Postkartenidylle, für die gerade die Deutschen nach Ansicht einer großen schwedischen Tageszeitung empfänglich sind. Das *Svenska Dagbladet* schrieb vor geraumer Zeit über das Bullerbü-Syndrom – die Sehnsucht nach der heilen Welt und ebensolchen Anblicken, welche die Menschen in Deutschland befallen hätte. Ob die Menschen, die vor gut 600 Jahren an den Ufern des Mälaren lebten und arbeiteten, einen Blick für solchen Augenschmaus hatten? Damals ließ der Adlige Bo Jonsson Grip (etwa 1330 – 1386) auf ebenjenem Inselchen eine Festung bauen und benannte sie nach seiner Familie. »Grips Insel«, wie Gripsholm übersetzt heißt, lag geschützt, aber trotzdem verkehrsgünstig am Südende des Mälaren. Das Meer war, je nach Witterung, nicht einmal eine Tagesreise entfernt. Und damit auch Stockholm. All das mag eine gewisse Rolle gespielt haben, als Gustav I. Vasa (vermutlich

1496–1560) just diese Insel für sein Schloss aussuchte. 1523 in Strängnäs zum ersten schwedischen König gewählt, suchte er eine sichere Rückzugsmöglichkeit. Um 1540 war dann jene Residenz fertig, die Kurt Tucholsky in seinem gleichnamigen Roman so beschreibt: »Ich weiß nichts vom Stil dieses Schlosses – ich weiß nur: wenn ich mir eins baute, so eins baute ich mir.« Wehrhaft muss es schon damals gewesen sein, und so wirkt es mit seinen dicken, roten Mauern und Türmen auch noch heute. Die Zeiten damals waren unruhig, und Gustav I. Vasa wollte sich und seine Familie schützen – auch und vor allem gegen andere Adlige, die nach seiner Krone trachteten. Schließlich brachte der Regent auch die bis dahin herrschende katholische Kirche gegen sich auf, verriegelte die Klöster und konfiszierte das Eigentum der Kirche – vermutlich, weil er Geld brauchte.

Geschichte bekommt ein Gesicht

Der Gang durch das Schloss ist heute auch ein Gang durch die Geschichte der

schwedischen Monarchie. »Viele schöne Gemälde hingen da. Mir sagten sie nichts. Ich kann nicht sehen«, schreibt Tucholsky in seinem Klassiker »Schloss Gripsholm« und bezeichnet sich als Ohrenmensch. Die Gemälde, das ist nichts anderes als die Porträtsammlung mit den wichtigen Personen der schwedischen Geschichte bis heute, mit rund 4000 Bildern vermutlich sogar die größte Porträtsammlung der Welt. Menschen bekommen ein Gesicht, ebenjener Gustav I. Vasa zum Beispiel, der mit scharfem Blick aus dem Bild hinausschaut. Oder Sigismund, der hoch zu Ross dargestellt ist, bildlich gesprochen aber vom Pferd stürzte, kurz nachdem er die Regentschaft übernommen hatte. Und so hängen an den Mauern des Schlosses die Bildnisse der Herrscher, zeigen, wie diese aussahen oder wie diese sich gerne sehen wollten. Was vermutlich

nicht immer mit der Realität übereinstimmte. Die Probleme, die Gustav I. Vasa mit seiner Idee der – in der Realität immer wieder unterbrochenen – Erbmonarchie geschaffen hat, bekommen ein Gesicht. Insgesamt 23 Regenten hat das Land bis heute gehabt. Sechs Mal mussten die Herrscher mehr oder weniger freiwillig abtreten, andere starben keines natürlichen Todes: Erik XIV. wurde wahrscheinlich vergiftet, Gustav II. fiel in der Schlacht bei Lützen, Karl XII. starb in der Schlacht bei Fredrikshald in Norwegen, und Gustav III. wurde während einer Theatervorstellung erschossen. So friedlich, wie es in und um Schloss Gripsholm heute wirkt, war es wohl nicht immer.

Friedliche Ruhe in Mariefred

Ein wenig im Schatten des bekannten Schlosses liegt Mariefred. Es wäre ein

Runensteine (oben) und das altehrwürdige Schloss Gripsholm (links) zeugen von der großen Bedeutung dieses Landstrichs in Mittelschweden, in dessen Boden vielleicht noch manches historische Überbleibsel versteckt ist (unten).

Das Rathaus von Mariefred (oben) gehört zu den schönsten Gebäuden der Stadt, deren Hauptattraktion neben dem Schloss Gripsholm die Museumseisenbahn mit dem historischen Bahnhof (Mitte und unten) und alten Lokomotiven ist (rechts).

Versäumnis, würde man nur den Parkplatz des Ortes kennen, von dem man zum Schloss Gripsholm hinüber läuft. Das Zentrum des hübschen Städtchens stimmt immer noch mit dem einer Karte aus dem Jahr 1759 überein. Den Namen hat Mariefred von einem Karthäuserkloster, das genau so hieß: »Marias fred« – Friede Marias. Anno 1493 wurde es gegründet, 1526 schon wieder geschlossen. Von dem alten Gebäude ist heute nicht mehr viel übrig. Gustav I. Vasa nutzte das Klostergemäuer als Steinbruch, um sich sein Schloss Gripsholm bauen zu lassen. Die Mönche waren aber längst nicht die ersten Bewohner der malerischen Bucht am Mälaren. Irgendwann um das Jahr 1000 wurden zwei Runensteine vor Gripsholm aufgestellt, um die Verwandtschaft und ihre Taten zu ehren. So ist auf einem der beiden, mit einer in Schlangenform gehaltenen Inschrift von einem Harald die Rede, der bei der Suche nach Gold in Särkland starb. Doch während in anderen Städten der Umgebung die Industrialisierung Fabriken und Werkstätten entstehen ließ, ging diese Entwicklung an Mariefred weitgehend vorbei. Vielleicht ist das der Grund, warum in einem Reiseführer zu lesen ist, dass Mariefred eines der am besten erhaltenen Holzhausstädtchen Schwedens ist. Eine Einschätzung, die man beim Gang durch die Stadt gerne bestätigt. Herausragend ist dabei das Rathaus mit seiner prächtigen Fassade und dem grünen Türmchen oder der Bellmangården.

Nostalgische Dampfloks
Im Sommer steigen bisweilen dichte Dampfwolken vor dem Schloss auf. Sie stammen von den Lokomotiven der Eisenbahnfreunde von Östra Södermanland. Sie übernahmen in den 1960er-Jahren die Eisenbahnstrecke von Mariefred nach Läggesta. Rund drei Kilometer lang ist die Schmalspurstrecke, auf der im Sommer die schwarzen Riesen historische Waggons ziehen. Aus ganz Schweden haben die Eisenbahn-Enthusiasten alte Lokomotiven herangebracht.

Um die einhundert Jahre alt sind die ältesten Dampfloks, die mit viel Liebe wieder hergerichtet wurden. Das gilt auch für den Bahnhof, der mit seiner leuchtend gelben Holzfassade schon eine Sehenswürdigkeit an sich ist. Einige Künstler hat dieser idyllische Flecken am Mälaren angezogen. Carl Michael Bellman (1740–1795), neben Evert Taube der Nationalpoet Schwe-

dens, verbrachte einmal einen ganzen Sommer in Mariefred. Und dann Kurt Tucholsky (1890–1935), der 1930 vor den Nazis nach Schweden geflüchtet war. Er starb 1935 in Göteborg. Sein Grab aber befindet sich unter ein paar Bäumen auf dem Friedhof von Mariefred nahe Schloss Gripsholm, dem er mit seinem gleichnamigen Roman ein literarisches Denkmal gesetzt hat.

SPEISEN MIT SCHLOSSBLICK

Seit etwa 400 Jahren wird in »Gripsholms Värdshus« gegessen, getrunken und übernachtet. Und das sehr gut. Seine Entstehung verdankt das Wirtshaus jedoch den Protesten der Bürger von Mariefred, die das Gefolge der Könige, die Gripsholm besuchten, auf eigene Kosten beherbergen mussten. Und die Herrscher kamen oft, was den Bürgern schon bald nicht mehr passte. Also ließ König Karl IX. auf dem Gelände des alten Klosters ein Wirtshaus einrichten, das im Laufe der Jahrhunderte zwar modernisiert wurde, aber niemals den Charme der alten Herberge verlor.

Gripsholms Värdshus Hotell & Konferens
Kyrkogatan 1
S-647 23 Mariefred
Tel.: 01 59-3 47 50
info@gripsholms-vardshus.se
www.gripsholms-vardshus.se

27 Gamla Uppsala & Birka – Zeitreise zu den alten Herrschern

Von Wikingern, Königen & Ausgrabungen

Geschichte läuft selten kontinuierlich ab. Von einstigen Machtzentren in Schweden wie Gamla Uppsala und Birka ist kaum etwas übrig geblieben. Aus der Asche rekonstruierten Wissenschaftler das Leben der einstigen Herrscher und ihres Volkes.

Warum heißt Schweden eigentlich Schweden? Die Antwort auf diese Frage gibt ein Volk, das vom römischen Schreiber Cornelius Tacitus im Jahr 98 n. Chr. als Sviones, als Sveavolk beschrieben wird. Und daher kommt der Name. Allerdings: Vieles rund um diese germanische Gemeinschaft ist im Dunkel der Geschichte verborgen. Funde von Archäologen in der Provinz Uppland bringen jedoch ein wenig Licht in die Sache.

Könige und Bischöfe

Drei große, auf einem Hügel liegende Kegel heben sich in der Nähe von Uppsala deutlich von der Umgebung ab. Bei Ausgrabungen wurde in Gräbern die Asche von Toten gefunden, dazu wertvolle Grabbeigaben sowie die Überreste von Gebeinen. Bestattet wurden die Toten wahrscheinlich Anfang des sechsten nachchristlichen Jahrhunderts. Vermutlich waren es Könige der Svear aus dem Herrschergeschlecht der Ynglingar, die hier in Gamla Uppsala ihre letzte Ruhe gefunden haben. Rund vier Kilometer von der heutigen Stadt Uppsala

entfernt liegt dieser Ort. Nicht nur Könige wurden hier bestattet, sondern auch das gemeine Volk. Mehrere Hundert Gräber wurden in Gamla Uppsala rund um die königlichen Hügel gefunden. Mit den Begräbnissen der Könige endet die Geschichte von Gamla Uppsala aber nicht – auch wenn die Svear schon bald unter ungeklärten Umständen von der Bühne der Weltgeschichte verschwanden. Unmittelbar neben den Grabhügeln wurde im 11. Jahrhundert eine Kirche gebaut, die 1164 sogar zum Bischofssitz wurde. Doch schon im 13. Jahrhundert wurde dieses Symbol der Herrschaft in das näher am Meer befindliche Uppsala verlegt, wo bereits an einem neuen, gewaltigen Gotteshaus gebaut wurde: dem Dom von Uppsala, der heute neben der berühmten Universität das Stadtbild dominiert. Seitdem liegt Gamla Uppsala im Schatten der Nachbarstadt.

Birka: Wikingerzentrum am Mälaren

Ebenfalls untergegangen ist eine einstige Wikingerhauptstadt ein Stück südlich

Der Dom von Uppsala ist das imposanteste Bauwerk der Studentenstadt (oben). Schon die geheimnisvollen Svear-Könige lebten in der Region Uppland und ließen sich dort begraben (rechte Seite unten). Runensteine des 11. Jahrhunderts, wie der aus Uppsala, berichten von lange zurückliegenden Begebenheiten (rechte Seite oben).

von Uppsala am Ufer des Mälaren. Birka war ein Handelszentrum wie kein anderes im neunten und zehnten Jahrhundert in Schweden. Bis zu tausend Menschen müssen in der Stadt mit dem großen Hafen gewohnt haben. Doch davon ist kaum noch etwas übrig. Erst sorgfältige Ausgrabungen auf der Insel im Mälaren, etwa 30 Kilometer westlich von Stockholm gelegen, ließen erkennen, wie hier während der Wikingerzeit gelebt wurde. Es muss eine blühende Region gewesen sein. Im Jahr 829 reiste der norddeutsche Bischof Ansgar von Bremen nach Birka. Die Christianisierung der Heiden war sein Ziel. Sonderlich erfolgreich war er jedoch nicht. Aber der Geistliche berichtet vom Reichtum der hier lebenden Wikinger. Arabischer Silberschmuck und Silbermünzen wurden von den Archäologen im Boden gefunden, dazu Seide und Keramik aus

Friesland, fränkisches Glas und auch einheimische Bronze- und Eisenstücke. Die Funde der Ausgrabungen auf Birka lassen erahnen, wie die Menschen damals gelebt haben. Vermutlich wohnten Gruppen von etwa zehn Personen in den Holzhäusern, betrieben Ackerbau und Viehzucht, verdingten sich als Handwerker, Kaufmann oder Händler. Damals hatte man noch einen direkten Zugang zur Ostsee. Als begnadete Seefahrer waren die Wikinger aus Birka auf dem Meer und sogar bis hinein nach Russland unterwegs. Gleich gegenüber auf der Nachbarinsel Adelsön lebten die Könige. Gegen Ende des zehnten Jahrhunderts verließen die Menschen Birka, die Stadt geriet in Vergessenheit.

Mit ihrer Einstufung als Weltkulturerbe bekommt diese frühe Wikingerstadt jedoch die Bedeutung zurück, die sie einst gehabt hat.

WIKINGER FÜR EINEN TAG

Hautnah erleben kann man das Dasein als Wikinger in der rekonstruierten Wikingersiedlung auf der Insel Björkö, auf der auch Birka liegt. Im Museum kann das Wissen über dieses so umstrittene Volk vertieft werden. Das Angebot umfasst auch Führungen und diverse »Wikinger-Aktivitäten«, sodass der Besuch auch für Kinder zu einem spannenden Erlebnis werden dürfte. Man kann sogar in einem wieder aufgebauten Wikingerhaus übernachten! Am stilvollsten ist die Anreise per Boot von Stockholm aus.

Birka Vikingastaden
Svensksundsvägen 17
S-111 49 Stockholm
Tel.: 08-12 00 40 00
birka@stromma.se
www.stromma.se/birka

In Mittelschweden vollzieht sich der Übergang vom lieblichen Süden zum rauen Norden. Rund um den Siljan-See (großes Bild) tritt die weite Natur in den Vordergrund, schafft Mosaike aus Flechten und Blaubeeren (oben), gibt Rentieren Nahrung (Mitte) und lässt Glockenblumen gedeihen (unten).

Mittelschweden – von Dalarna bis Ångermanland

Strängnäs war einst eine bedeutende Kirchstadt und ist heute Ausflugsziel von Freizeitskippern (oben und rechte Seite oben).

28 Domstadt Strängnäs

Wie ein Netz legen sich die Arme des Mälaren über die mittelschwedische Senke. Nicht immer ist klar, ob es Fluss oder See ist. Und mitten in diesem Mosaik aus Wasser und Land liegt in Södermanland am südlichen Ufer des Gewässers die Stadt Strängnäs. Direkt am Hafen erhebt sich der Kvarnberget. Eine rote Windmühle ziert den Hügel, von dem aus sich ein prächtiger Blick über die Stadt und den Hafen eröffnet. An der gegenüberliegenden Seite der Landzunge ragt der Turm des Doms in den Himmel. Und der ist die wichtigste Sehenswürdigkeit des Ortes. Der Beginn der christlichen Zeit in Strängnäs soll jedoch blutig gewesen sein. Die Menschen huldigten noch ihren alten Göttern, als der englische Missionar St. Eskil an den Mälaren kam. Er soll der Sage nach im Jahr 1080 just auf dem Platz gesteinigt worden sein, auf dem heute der Dom steht. Die Christianisierung rund um den Mälaren konnte das jedoch nicht aufhalten. Wenige Jahre später wurde Strängnäs sogar Bischofssitz. Dies erklärt auch die stattliche Größe des Doms, mit dessen Bau bereits im 13. Jahrhundert begonnen wurde und der bis heute mit seinen gotischen Stilelementen und den Übergängen von Ziegelgemäuer und Deckenmalereien eine Besonderheit ist.

29 Falun – Kupfer für die Welt

Die rote Farbe der typischen Schwedenhäuschen ist ein Abfallprodukt des Kupferbergbaus in Falun (oben und rechte Seite unten).

Rote Hörner hatte der Ziegenbock, als er vom Grasen kam. So zumindest verlief der Sage nach die Entdeckung der Kupfervorkommen von Falun. Seit dem 11. Jahrhundert wird hier Kupfer abgebaut. Im 17. Jahrhundert kamen rund zwei Drittel des in der gesamten Welt gewonnenen Metalls aus der mittelschwedischen Stadt. Zur Hochzeit des Abbaus schufteten 1200 Arbeiter unter unmenschlichen Bedingungen in der Grube. Im Jahr 1687 stürzten mehrere Schächte und Stollen ein und hinterließen das gewaltige, 100 Meter tiefe Loch, vor dem heute die Touristen stehen und staunen. Der gesamte Bergbaukomplex, in dem seit 1992 nicht mehr gearbeitet wird, steht unter dem Schutz der UNESCO. Schweden hat der Grube zwei weitere Dinge zu verdanken: Da ist zum einen die »Falukorv«, eine Wurst, die in ihrer Konsistenz an Lyoner erinnert und aus dem Fleisch der Ochsen hergestellt wurde, deren Haut man für die Seile in der Grube benötigte. Zum anderen die typische rote Farbe, mit der viele Häuser in Schweden gestrichen sind. Sie ist eigentlich ein Abfallprodukt aus dem Bergbau. Dabei sorgt das im Gestein enthaltene Eisenoxid für die Färbung und das Kupfervitriol für die konservierende Wirkung.

30 Rund um den Siljan

Holzpferde, Langlauf & Musik in Dalarna

Wohl in kaum einem anderen Landstrich ist Schweden schwedischer als in Dalarna. Die Menschen rund um den See Siljan leben nicht nur in einer lieblichen Gegend, sondern sie bewahren auch alte Traditionen wie die Musik.

Man begegnet dem Symbol für Schweden in nahezu jedem Souvenirladen. Es ist rot und mit bunter Kurbits-Malerei verziert, hat einen Körper aus Holz und macht sich gut im Regal eines jeden Nordland-Fans: das Dala-Pferdchen. Schon seit Jahrhunderten werden die Holztiere geschnitzt. Einst war die Herstellung der Tiere Zeitvertreib für lange Winternächte. Heutzutage werden in der kleinen Stadt Nusnäs jedes Jahr Hunderttausende Exemplare hergestellt und in alle Welt exportiert. Sogar Elvis Presley und Doris Day sollen ein sogenanntes Dalahäst ihr Eigen genannt haben. Weltweit berühmt wurde das Holzpferd bei der Weltausstellung 1939 in New York, als ein riesiges Exemplar den schwedischen Pavillon zierte und die Blicke der Menschen auf sich zog.

Beschwingtes Schweden

Doch noch etwas anderes ist typisch für diesen Teil Schwedens: die Musik. »Musik am Siljan« ist ein Musikfestival, das alljährlich im Sommer die Grenzen zwischen Volksmusik, klassischer Musik, Jazz und Populärmusik überwindet.

Gespielt wird auf Lichtungen im Wald, in kleinen Städtchen, am Seeufer und auf Wiesen. Ein ehemaliger Steinbruch bei Rättvik dient zudem als einzigartige Open-Air-Bühne für Klassik- und Rockkonzerte. Die *Dalhalla* hat sich bei Musikfreunden in aller Welt einen Namen gemacht. Das liegt an der Qualität der Aufführungen, der fantastischen Akustik und der beeindruckenden Atmosphäre in diesem 50 Meter tiefen, 175 mal 400 Meter großen Loch in der Erde.

Zerstörung aus dem Kosmos

Die überaus liebliche Landschaft der Provinz Dalarna verdankt ihre Entstehung der kosmischen Gewalt. Vor 360 Millionen Jahren rauschte ein Meteorit auf die Erde zu. Für kurze Zeit leuchtete der Himmel über Mittelschweden, bevor der Gesteinsbrocken auf die Erde prallte. Felsbrocken wurden emporgeschleudert, Gestein schmolz unter dem gewaltigen Druck und der sengenden Hitze, die von dem Inferno ausging. Heute plätschert das Wasser der Seen Siljan, Orsa und Skattungen in dem gewaltigen Krater, der einen Durchmesser von rund 50 Kilometern hat. Immer

Bäume spiegeln sich im ruhigen Wasser des Siljansees (oben und rechte Seite unten), der seine Entstehung einem Meteoriteneinschlag verdankt. Die in der fruchtbaren Gegend eingebrachte Ernte wurde in kunstvoll verzierten Vorratsspeichern für den langen Winter gelagert (unten).

noch ist die Form des Kraters auf Landkarten und Satellitenfotos zu erahnen.

Langlauf mit Geschichte

Aus der Gegend von Mora, neben Rättvik einer der beiden Hauptorte am Siljan, stammt der bekannte Maler Anders Zorn (1860–1920). Sein Talent, mit Stift und Farben umzugehen, wurde schon früh bemerkt. Mit 15 Jahren zog er nach Stockholm, studierte an der Königlichen Akademie der Künste und brachte es in späteren Jahren mit seinen Werken zu Weltruhm.

Mora ist auch Zielort des berühmten Vasalaufs, einer der weltweit größten Skilanglaufveranstaltungen. Das sportliche Großereignis hat einen historischen Hintergrund: Anfang des 16. Jahrhunderts war Schweden von den Dänen besetzt. Gustav Eriksson Vasa, ein schwedischer Adliger, wollte einen Aufstand organisieren und zog nach Mora, um Unterstützung zu suchen. Als dies nicht gelang, machte er sich auf den Weg in Richtung Norwegen. Die Menschen in Mora änderten jedoch ihre Meinung und schickten – mittlerweile war es Winter – Boten auf Skiern aus, um Vasa einzuholen. Sie erreichten ihn in Sälen. Der Aufstand gelang im Frühling. In der Folge wurde Vasa 1523 zum Schwedenkönig Gustav I. Vasa gekrönt, der Grundstein für das heutige Schweden war gelegt. Zum Gedenken an dieses Ereignis machen sich seit 1922 Langläufer auf, in den Spuren Gustav I. Vasa zu gleiten. Waren dies bei der Premiere noch 119 Teilnehmer, so sind es heute rund 15 000 Wagemutige, die die 90 Kilometer lange Strecke mutig in Angriff nehmen.

VOM BAUM ZUM DALA-PFERD

Am Anfang ist ein Baum. Der muss sorgfältig ausgewählt werden, um das richtige Holz für die Dala-Pferdchen zu bekommen. Mit einer Säge werden dann Baumscheiben geschnitten, bevor das eigentliche Handwerk der Pferdeschnitzer beginnt. Erst werden Beine, Kopf und Ohren grob ausgesägt, dann mit Schnitzwerkzeug und Schleifpapier geformt. Nachdem die Dala-Pferdchen in die typische rote Farbe getaucht wurden, werden sie von Hand verziert. Jedes Stück, und darauf ist man in Nusnäs besonders stolz, ist ein Unikat.

Nils Olsson Hemslöjd
Edåkersvägen 17
S-792 77 Nusnäs
Tel.: 0 25 03 72 00
info@nohemslojd.se
www.nohemslojd.se

31 Dalarna – zwischen Fjäll & Fabriken

Von den Erzgruben Dalarnas zu den Gipfeln im Westen

Dalarna ist eine ungemein vielfältige Provinz. Da sind die Erzgruben im Süden, aber auch einsame Fjällgegenden wie die am Fulufjäll, Nipfjäll oder Grövelsjön, die ein Paradies für Wanderer sind. Die Verbindung zwischen beiden Welten schafft der Dalälven, der längste Fluss Schwedens.

In Sundborn lebte der Maler Carl Larsson (oben). Wasser ist das beherrschende Element in Mittelschweden, fließt plätschernd im Grövlan zu Tal (unten), bietet am Särnsjön dem Schilfgras Nahrung (rechte Seite oben) und verhilft dem Fulufjäll zu einer mystischen Spiegelung (rechte Seite unten).

Sowohl Falun in Dalarna als auch Røros in Norwegen sind Städte, die durch den Kupferbergbau bekannt wurden und dem wertvollen Erz ihren Aufstieg verdanken. Der »Kopparleden«, der Kupfer-Weg, der die beiden Städte miteinander verbindet, steht symbolisch für den Kontrast in Skandinavien – den zwischen der großartigen Natur und der Industrie, den Spagat zwischen Natur und Wirtschaft. Bergslagen heißt die Gegend rund um Falun. Der Name beschreibt das Recht, Erz zu fördern. Denn davon wurde hier einiges gefunden – nicht nur in Falun. In vielen Gruben der Region wurden neben Kupfer auch Blei, Eisen und sogar Silber abgebaut und verhüttet wie in Ludvika.

Die Idylle hat einen Namen: Carl Larsson

Welchen Kontrast stellt dagegen das kleine Örtchen Sundborn ein paar Kilometer nördlich von Falun dar! Von Bergbau oder Hütten weit und breit keine Spur, dagegen pure Idylle mit rot-weißen Häuschen, Blumen im Vorgarten und einer Kirche am Ufer eines blauen Sees. Das Ganze könnte auch einem Bild von Carl Larsson (1853–1919) entsprungen sein. Denn der schwedische Maler lebte und wirkte hier bis zu seinem Tod im Januar 1919. »Das Haus in der Sonne«, so der Titel eines seiner Werke, steht auch heute noch am Ufer eines kleinen Sees. Larsson hat wie kein anderer das Bild von Schweden romantisiert, einen Standard für die schwedische Wohnkultur gesetzt. Lachende Kinder, eine fröhlich blickende Frau, ein Bauer beim Pflügen, Geschwister beim Butterstampfen, all das waren seine Motive. Und sie tauchen wieder auf in seinem zu einem Museum umgebauten Wohnhaus, in dem klar wird, dass der Künstler seine ganz eigene Realität gemalt hat.

Durch das Tal des Dalälven ins Fjäll

Der »Kopparleden« leitet von Falun am See Siljan vorbei zu einem ganz ande-

Durch die Wälder Dalarnas streifen Vielfraß (oben) und Fuchs (unten). Krähenbeeren (Mitte) wachsen auf dem kargen und steinigen Boden, der den Bäumen am Fulufjäll nur wenig Wurzelraum lässt (rechts).

ren, wilden und einsamen Schweden im Westen, in dem die Natur dominiert. Der natürliche Weg dorthin ist das Tal des Dalälven, dem mit über 500 Kilometern längsten schwedischen Fluss. An vielen Stellen ist er gezähmt, haben Staustufen den Platz von Stromschnellen eingenommen. Doch mancherorts mäandriert er immer noch frei talwärts, schafft sich neue Seitenarme und lässt dafür andere aus. Das sind die Stellen, an denen sich eine reiche Tier- und Pflanzenwelt ansiedeln konnte. Und ein wenig kommt die Erinnerung an Tom Sawyer und Huckleberry Finn auf, wenn man weiß, dass auf diesem Strom einst Baumstämme ins Tal geflößt wurden. Das Wasser des Dalälven kommt aus dem Gebirge an der schwedisch-norwegischen Grenze, zu dem auch das Fulufjäll gehört. Nicht der für Schweden sonst so typische Granit oder Gneis bildet hier den Untergrund, sondern

900 Millionen Jahre alter Sandstein. Und das hat ganz bestimmte Konsequenzen!

Flechten als Überlebenskünstler

Markante Gipfel sucht man im Nationalpark Fulufjäll, durch den auch der südliche Teil des berühmten Wanderwegs Kungsleden verläuft, vergebens. Gerade mal gute Hundert Meter ragen die höchsten Spitzen über ihre Umgebung hinaus. Nein, ein Plateau ist es, über das man marschiert. Weitgehend eben mit einem Flickenteppich aus zahllosen Seen und Bächen, Tümpeln und Mooren. Ein Gebiet, um dahinzuschreiten und den Blick auf Details am Wegesrand zu werfen. Auf kuriose Steinformationen oder schillernde Minerale, auf Libellen, die in der Sommersonne ihr Paarungstänzchen wagen, auf Lemminge, die sich ob der Störung laut quiekend in ihr Loch verziehen, auf einen Gebirgsvogel, der von seinem am Boden bereiteten Nest auf-

fliegt und so von seinem Nachwuchs abzulenken versucht. Auch der Vielfraß streift in der kargen Landschaft umher, in der allenfalls einige Sträucher oder niedrige Bäume Schutz geben. Ebenso ist der Rotfuchs auf der Suche nach Beute, schnuppert im Wind, um dann lieber einen Bogen um die Eindringlinge zu schlagen. Auf Rentiere wird man im Fulufjäll dagegen nicht stoßen. Solchermaßen ungestört und nicht angeknabbert wachsen auf dem Sandstein-Untergrund unzählige Flechtenarten. So klein und unscheinbar diese Organismen sind, sosehr wissen sie bei näherer Betrachtung zu faszinieren. Sie leuchten in den verschiedensten Farben, sind mal orange, dann wieder grün oder unscheinbar grau. Mal flach auf den Felsen wachsend, dann wieder mit Lockenpracht von Ästen herunterhängend oder sich in die Borke von Bäumen krallend. Und sie sind die Überlebenskünstler in extremen Klimaten. An die 50 Grad unter null verkraften sie – genau so wie wochenlange, ja sogar jahrelange Trockenheit. Wird es zu unwirtlich, fallen sie in eine Art Totenstarre, aus der sie erwachen, sobald die Verhältnisse wieder günstiger werden. Der Preis für diese enorme Anpassungsfähigkeit ist ein äußerst langsames Wachstum. Wenige Millimeter sind es in jedem Jahr bei den meisten Arten, die sie sich an Ästen oder Steinen ausbreiten. Manchmal sogar noch weniger.

Schwedens höchster Wasserfall

Nicht weniger als 1190 verschiedene Pflanzenarten wurden im Gebiet des Nationalparks kartiert. Ein Paradies für Botaniker – nicht nur wegen der Flechten – mit dem Hang für das Besondere, denn 75 gefährdete Arten sind darunter. So unspektakulär das Aussehen der Hochebene ist, so jäh ist ihr Abbruch am Rand – besonders am Wasserfall Njupeskär. Der ist der höchste Schwedens und stürzt 123 Meter in die Tiefe, knapp die Hälfte sogar im freien Fall. Rund um den Wasserfall steigt das Gefühl auf, im Nieselregen zu stehen, da der Wind die Tropfen in das Land hineinträgt. Die Vegetation zu Füßen des Plateaus unterscheidet sich komplett von der weiter oben auf der Hochebene. Hier wachsen dünne Fichten und knorrige Kiefern an den Seen, Farne und Moose an den glucksenden Bächen. Große Kontraste auf kleinstem Raum!

Ein Hauch von Lappland

In deutlichem Gegensatz zum Fulufjäll steht das 200 Quadratkilometer große Naturreservat Städjan-Nipfjället nordöstlich von Idre. Keine flachen, fast schon zu übersehende Gipfel sind das Kennzeichen dieses Naturreservats, sondern steile Hänge – gerade so, als sei nie der Eiszeit-Hobel über das Land gegangen. Die höchsten Berge sind der Molnet mit 1191 Metern und der Städjan mit 1131 Metern. Lohn für die Mühe, auf einfachen Wanderwegen den Gipfel zu besteigen, ist ein famoser 360-Grad-Blick auf die mittelschwedische Gebirgswelt. Zu Fuß ist auch die Landschaft rund um den See Grövelsjön an der Grenze zur Nachbarprovinz Härjedalen zu entdecken. Das Fjäll in dem beliebten Wandergebiet, in dem ein schönes Fjällhotel die Naturfreunde beherbergt, gibt einen Vorgeschmack auf das, was weiter im Norden kommt: die scheinbar unendliche Weite Nordschwedens.

NATURUM IN SCHWEDEN

Natur pur – damit wird Schweden meist assoziiert. Und es stimmt ja auch. In dem riesigen Land leben gerade einmal neun Millionen Menschen. Da bleibt viel Raum für eine vielfältige Tier- und Pflanzenwelt. Wie am Fulufjäll hat das staatliche schwedische Naturschutzwerk in vielen Nationalparks und Naturreservaten sogenannte »Naturums« eingerichtet. Das sind Informationszentren, die über Flora, Fauna und Geologie Auskunft geben, in denen aber auch Ranger mit Rat und Tat zur Seite stehen, wenn man eine Wander- oder Paddeltour plant. Mehr als zwei Dutzend Naturums gibt es im Land – und sie sind immer einen Besuch wert.

Naturvårdsverket
S-106 48 Stockholm
Tel.: 08-6 98 10 00
www.naturvardsverket.se

32 Härjedalen – Fjäll, Flechten & dichtes Fell

Ausflug auf der höchstgelegenen Straße Schwedens

Fjäll und Wald, dazu Flüsse: Mit diesen Worten kann die Landschaft von Härjedalen beschrieben werden. Es ist eine der einsamsten Gegenden des gesamten Landes. Überall ist der Einfluss der Gletscher zu erkennen, die während der Eiszeit die Gegend glatt geschliffen haben.

Die Symbole an diesem Hauseingang (oben) in Tännäs sollen nach altem Sámi-Glauben die bösen Geister vertreiben (unten). Mehr oder weniger spektakulär bahnt sich das Wasser am Andersjöafallet (rechte Seite unten, links) oder den Viksjöfall seinen Weg aus dem Gebirge (rechte Seite unten, rechts).

D ie Kleidung und die Fortbewegungsmittel haben sich geändert, aber nicht der Grund, warum man nach Fjällnäs kommt. Der kleine Ort am See Tänndalssjön in der Provinz Härjedalen zieht schon seit dem 19. Jahrhundert Touristen an, die in das großartige Fjäll hinaufwandern oder einfach in der Natur ausspannen wollen. Eine Sehenswürdigkeit liegt quasi vor der Haustür: der Wasserfall Andersjöafallet, der von einem weiter oberhalb im Gebirge entspringenden Fluss gespeist wird. Einen Tick lieblicher wird es ein Stück talabwärts im Tal des Flusses Ljusnan. Eindrucksvoll ist hier Härjedalens *fjällmuseum*, eines der ältesten Heimatmuseen Schwedens, mit alten Hofanlagen und einfachen Holzhütten. Die dicken Balken hielten vermutlich jeden Schneesturm ab, der durch das Tal fegte. Und dann noch die Feuerstelle in der Ecke, die für wohlige Wärme sorgte.

Hoch hinaus auf vier Rädern

Ganz bequem kommt man dem Fjäll auf der Flatruet-Straße näher. Sie führt von Funäsdalen hinüber ins Dorf Ljungdalen, vorbei an vielen roten Sámi-Häusern aus dicken alten Holzbohlen, deren reich verzierte Eingangsportale nach alter Tradition die bösen Geister vertreiben sollen, und erreicht dabei eine Höhe von rund tausend Metern über dem Meeresspiegel. Das klingt zwar nicht nach sonderlich viel – ist aber doch Schwedens höchstgelegene Straße! Kein Baum stört den Blick, der über das mittelschwedische Fjäll schweift. Hier oben, wo der Wind über die karge Ebene pfeift, ist die Welt der Bergvögel. Etliche, an diese kargen Bedingungen angepasste Tiere brüten zwischen den Steinen und Felsen, auf Moospolstern und zwischen den wenigen Pflanzen. Natürlich sind in dieser einsamen Weite auch Rentiere unterwegs, die halbwilden Haustiere der Sámi. Jedes trägt eine Ohrmarke, ein der jeweiligen Züchterfamilie zugeteiltes Muster. Rentiere sind Überlebenskünstler. Ihr Fell schützt sie im Winter gegen die eisigen Temperaturen, da es drei Mal so dicht ist wie das vergleichbarer Tiere. Und es wächst sogar an den Hufen.

Zudem haben Rentiere an den Beinen ein speziell entwickeltes Blutgefäßsystem, um den Wärmeverlust zu verringern. So ausgestattet können die Tiere sogar Temperaturen um die 40 Grad unter null trotzen. Zudem ist ihr Geruchssinn so weit entwickelt, dass sie ihr Futter – vor allem Flechten – noch unter einer dicken Schneedecke entdecken können. Dass sie überhaupt in der Lage sind, diese zu verdauen, verdanken sie einem besonderen Enzym, mit dem sie die wenigen enthaltenen Nährstoffe aufschließen können.

Majestät am Horizont

Mitten durch diese Fjäll-Landschaft hat sich der kleine Fluss Mittån einen Weg gebahnt – er springt über Felsen, gurgelt in tiefen, ausgewaschenen Löchern, prallt spritzend gegen Steinblöcke, um dann in weiten Schlingen durch Moorgebiete gemächlich ins Tal zu streben. An seinem Ufer stehen Birkenwälder, in denen die unterschiedlichsten Tiere bis hin zu Bär und Elch einen Lebensraum finden. Über allem steht der Helags. Ein Berg, der mit seinen 1797 Metern Höhe majestätisch über der Umgebung thront und die höchste schwedische Erhebung südlich des Polarkreises ist.

Rund um seinen Gipfel sind immer wieder Schneehühner und Schneeammern zu beobachten. Einen weiteren Rekord stellt dieses Bergmassiv auf: Im Schatten seiner Spitze liegt der südlichste Gletscher des Landes. Außergewöhnlich sind zudem die vielen Bäche, die an seinen Flanken entspringen und dafür sorgen, dass Angler hervorragende Bedingungen haben, um ihr Abendessen selbst zu fangen.

KIRCHE VON KLÖVSJÖ

Schwedens schönstes Dorf. So wird der kleine Ort Klövsjö im Tal des Ljungan in Jämtland auch bezeichnet. Es bestand ursprünglich aus 14 Bauernhöfen, von denen einer mittlerweile zu einem Freilichtmuseum umgebaut wurde und einen Einblick in das Leben vor Jahrhunderten gibt. Bekannt ist nicht nur der Ort, sondern auch die sehenswerte Kirche von Klövsjö mit ihrer blendend weißen Fassade und dem leuchtend roten Dach, die oberhalb der Häuser des Ortes thront. Sie wurde zwischen 1795 und 1797 von einem Bauern errichtet und ersetzte einen älteren Kirchenbau aus dem 16. Jahrhundert, von dem einige Einrichtungsgegenstände erhalten geblieben sind.

Ein gewaltiges Unwetter verwüstete 1997 das Tal des Göljan am Fulufjäll (oben und rechte Seite oben).

33 Baum-Mikado

Es war der 30. August 1997. Tagelang hatte die Sonne vom blauen Firmament auf die Wälder Dalarnas herunter gebrannt. Dann zog eine Kaltfront heran: Dunkle Wolken ballten sich am Himmel, Blitze zuckten und der Regen platschte auf das Land. Ganze 400 Millimeter Niederschlag in einer Nacht – das war schwedischer Rekord. Der Regen verwandelte die Bäche des Gebirges Fulufjäll zu reißenden Strömen, die alles wegschwemmten. Urplötzlich rollte eine mehrere Hundert Meter breite und sechs Meter hohe Flutwelle durch das bis dahin friedliche Tal des Flusses Stora Göljån. Millionen Kubikmeter Kies,

Gestein und Geröll wurden von den Hängen des Fulufjälls talwärts gerissen, Tausende Fichtenstämme umgeknickt oder entwurzelt. Wie die Hölzchen eines Mikado-Spiels stapeln sich noch heute die Baumstämme über dem, was einst das Bett des Stora Göljån war, eines friedlichen Baches am Ostrand des Nationalparks Fulufjäll. Für die Natur war dies eine Katastrophe – und ein Neuanfang. Denn zwischen den Stämmen der toten Bäume blühen Blumen, wachsen neue Bäumchen heran. Doch es wird noch geraume Zeit dauern, bis die von der Flutwelle gerissenen Narben nicht mehr zu sehen sein werden.

34 Die Rentierzüchter von Båtsuoj

Båtsuoj. Das ist das samische Wort für Rentier. Und im übertragenen Sinne damit eigentlich auch für das Leben. Zumindest das Überleben. Denn ohne diese Tiere hätten Menschen wie die Sámi im Norden Skandinaviens kaum überleben können. Lotta und Tom Svensson betreiben südlich des Polarkreises in der Nähe von Arvidsjaur ein Sámi-Camp. »Båtsuoj« haben sie es genannt. Mit diesem Namen machen sie deutlich, wie wichtig die Rentiere für sie sind. Auch heute noch. Trotz EU-Regelungen über die Art der Schlachtung, die nach einem kilometerlangen Transport in einem Kühlhaus erfolgen muss. Früher erledigten

die Sámi das direkt nach dem Einfangen der Tiere im Fjäll. Lotta erzählt gerne, wenn das Feuer in der Kote knistert und der Rauch durch das Loch in der hölzernen Decke verschwindet. Berichtet vom Leben der Altvorderen: Welche Pflanzen sie auch im Winter fanden und aßen. Wie man seine Kleidung aus den Rentierfellen schneiderte. Denn etwas Besseres gibt es nicht, wenn eisige Stürme über das Fjäll wehen. Nur eine Frage wird sie genauso wenig beantworten wie andere Sámi: die nach der Zahl der Tiere. Denn wer verrät schon wildfremden Menschen seinen Kontostand – was in etwa das Gleiche wäre.

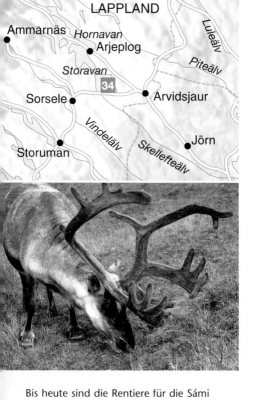

Bis heute sind die Rentiere für die Sámi sehr wichtig (oben und rechte Seite unten).

35 Jämtland – im Land der rauschenden Wasser

Auf dem Karolinerweg ins Grenzgebirge

Spätestens in Jämtland ist es vorbei mit schwedischer Lieblichkeit. Rund um den See Storsjön gibt es eine Unabhängigkeitsbewegung, in seiner Mitte möglicherweise ein Seeungeheuer. Hier beginnt aber auch der Norden mit seinen weiten Fjällgebieten, den klaren Seen und rauschenden Wasserfällen. Der Mensch spielt ab sofort nur noch eine Nebenrolle, der Star ist die großartige Natur.

Pass oder Visum benötigt man nicht, um nach Jämtland zu reisen. Gleichwohl gibt es seit den 1960er-Jahren eine Freiheitsbewegung, welche die Provinz von Schweden loslösen will. Im Jahr 1963 rief sich ein gewisser Yngve Gamlin während des Musikfestivals »Storsjöyran« in Östersund zum »Präsidenten von Jämtland« aus. Vier Jahre später durfte der selbst ernannte Präsident zusammen mit dem schwedischen Premierminister Tage Erlander (1901–1985) und weiteren Staatschefs zusammen in einem Ruderboot sitzen, was er als Anerken-

Östersund am Storsjön ist ein Verkehrsknotenpunkt in der Mitte Schwedens (oben). Schnee bedeckt die Gipfel des Åreskutan, einem populären Skigebiet an der Grenze zu Norwegen (unten). In den Bergen des Skäckerfjälls ist der nahende Herbst schon zu spüren (rechts).

nung der Republik betrachtete. Jämtland besitzt sogar eine eigene Armee, wie mit einem Augenzwinkern bemerkt wird. Während der regelmäßigen dreiwöchigen Manöver schieße man auf alles, was sich bewegt, nenne dies aber Elchjagd. Sogar eine Luftwaffe unterhält man – in Form eines Segelflugzeugs. Wichtigste Waffe ist nach eigenen Aussagen neben der Flinte die Heugabel. Doch noch ist Jämtland mit seinen großen Seen, breiten Strömen, weiten Wäldern und kahlen Fjälls ein Teil von Schweden. Und man kann ungehindert in das Zentrum am Storsjön, dem »großen See«, reisen.

Nessies Schwester?

Das Tier ist ungemein schüchtern. Vielleicht ist das die Erklärung, warum es in den vergangenen vier Jahrhunderten gerade einmal 200 Sichtungen gegeben haben soll. Vielleicht gibt es das Storsjön-Ungeheuer aber auch nur in der Fantasie der Menschen? Denn gefangen wurde es noch nicht – aber immerhin gefilmt. Auf den im Jahr 2008 gemachten Aufnahmen ist ein schlangenähnliches Etwas zu sehen, das sich im trüben Wasser des Sees windet. War das »Storsie«, die Schwester der schottischen Nessie? Platz genug zum Leben hätte sie im Storsjön, dem fünftgrößten See Schwedens. Und mit seinen 74 Metern ist er zudem recht tief. Auch schwimmen genügend Fische in seinem Wasser, sodass die Ernährungsfrage des Untiers auch kein Problem sein sollte. Im östlichen Teil des Sees, vis-à-vis von Östersund, liegt die Insel Frösön, die über Brücken mit dem Festland verbunden ist. Bis hinein ins Mittelalter war das Eiland Thing- und Marktplatz für die

gesamte Gegend und damit das Zentrum der Region. Hier steht zudem Schwedens nördlichster Runenstein, der an die Christianisierung im 11. Jahrhundert erinnert. Auch an »Storsie« wird mit einem Denkmal am Ufer des Storsjöns in Östersund gedacht, auf dem sie als Drache zu sehen ist. Das rechtwinklige Straßensystem von Östersund zeigt, dass die Gründung der Stadt nach Plan verlief. Gustav III. (1746–1792) ließ 1786 an diesem schönen Platz am Storsjön die ersten Häuser bauen. Doch die Stadtentwicklung verlief anfangs zäh. Erst die Holzindustrie und der Anschluss an die Inlandsbahn, eine Eisenbahnlinie, die mitten im Land von Süd nach Nord verläuft, brachten den Aufschwung.

Das tragische Ende des Karolinerheeres

Von Östersund aus führt der Karolinerleden am Seeufer entlang in Richtung norwegisches Grenzgebirge. Die Touristenstraße erinnert an ein trauriges Kapitel in der norwegisch-schwedischen Geschichte, dem viele Soldaten zum Opfer fielen. Zu Beginn des 18. Jahrhunderts war Schweden eine Großmacht auf dem absteigenden Ast. König Karl XII. (1682–1718) wollte seine Position verstärken und befahl einen Angriff auf Norwegen.
Ein Teil dieses Karolinerheeres war unter dem Kommando von Carl Armfeld in Jämtland zusammengetrommelt worden. Ihr Auftrag: Trondheim besetzen. 1718 marschierten mehr als 10 000 Soldaten und rund 6700 Pferde durch das Tal des Indalsälven in Richtung Trondheimsfjord im heutigen Norwegen. Schlechte Wege erschwerten das Voran-

Die Stabkirche von Mattmar überrascht mit einer ungewöhnlichen Bauweise (oben). In der kalten Luft bildet sich über dem warmen Wasser des Juvuln-Sees Nebel (unten).

Wie so viele andere kleinerer Seen verlandet auch der Innsvatnet (oben). Rentiere finden in den Feuchtgebieten am Bodsjöedet (Mitte) oder am Blåhammarfjäll genügende Nahrung (unten). Über viele Meter stürzt sich das Wasser am Ristafall in die Tiefe (rechts).

kommen und der Mangel an schweren Waffen verhinderte, dass die Schweden die Festung von Trondheim einnehmen konnten. So geschlagen machte sich das geschwächte und entmutigte Heer Weihnachten 1718 auf den Rückzug. Im Fjäll wurden die Truppen von eisiger Kälte und schweren Schneestürmen geplagt. Der Feldzug endete in einem Desaster. Mehr als ein Drittel der Soldaten starb – die meisten von ihnen im winterlichen Gebirge.

Gischt am Ristafall

Schon zu Zeiten des Karoliner-Feldzuges stand am Westufer des Storsjöns die Kirche von Mattmar. Teile des mittelalterlichen Gebäudes sind erhalten geblieben. Bekannt geworden ist das Gotteshaus jedoch durch die viele Jahrhunderte alten Skulpturen, welche die Wirren der Geschichte überdauert haben. Und auch über die Felsen am Wasserfall Ristafallet ganz in der Nähe von Undersåker ist damals schon das Wasser des Flusses Åreälven geflossen. Über 14 Meter stürzen sich die Fluten über die Kante, die von hartem Schiefergestein gebildet wird. Ein Niagarafall en miniature, der von Touristen gern besucht wird, da er direkt an der Straße liegt. Gischt spritzt auf und hüllt den Wasserfall in einen Nebel, was in Kombination mit dem kalkhaltigen Gestein dazu geführt hat, dass rund um den Ristafallet eine reichhaltige Flechtenvegetation entstanden ist.

Grandioses Fjäll rund um Åre

Wie ein Keil schiebt sich der Berg Åreskutan zwischen das Tal des Åreälven und den Kallsjön – den »Kalten See«. Im Winter gleiten Skifahrer an den Hängen

des Berges hinunter, im Sommer hat er bei Wanderern und vor allem auch Mountainbikern einen hervorragenden Ruf. Halsbrecherisch stürzen sich die Pedalakrobaten die steilsten Abfahrten hinunter, um kurz darauf mit der Seilbahn wieder nach oben zu fahren. Auch Drachenflieger und Paraglider nutzen die Thermik an dem alles überragenden, 1420 Meter hohen Gipfel für ihre Flüge in das tausend Meter tiefer liegende Tal – eine grandiose Aussicht auf die einsa-

me Gebirgswelt inklusive. Die genießt man auch an den Seen Kallsjön und Juvuln, in deren Wasser sich die Spitzen der Berge spiegeln. Auffällig ist dabei der Gipfel des Sokkertoppen im Naturreservat Skäckerfjäll, der mit seiner eigentümlichen Form an die Zipfelmütze eines geheimnisvollen Wichts erinnert. Oder an einen Troll, der sich über die Grenze von Norwegen nach Schweden verirrt hat? Es ist eine Gegend, die auf einfachen Pfaden erwandert werden will, in der man die Füße in den klaren Seen abkühlen kann und sich – wie mit dem Tännforsen – breite Flüsse Gischt spritzend über Felsriegel ergießen. Und in der kleine Bäche durch grüne Täler glucksen, gespeist von den Schneefeldern, die sich beispielsweise in den Bergen des Blåhammarfjället im Laufe der Wintermonate gebildet haben. Sie sind es, die die vielen Flüsse und Seen von Jämtland versorgen, die aus der Provinz ein Land der rauschenden Wasser machen.

ELCH-LIEBE

Sunne Hägmark ist ein Mann, der mit dem Elch tanzt. Zumindest könnte man sich das vorstellen. Auf seinem Hof in der Nähe von Östersund widmet er sich ganz den bisweilen ein wenig ungelenk wirkenden Vierbeinern. Begonnen hat seine Leidenschaft 1997, als er zwei Elchkälber großzog, deren Mutter bei einem Verkehrsunfall ums Leben gekommen war.
Mittlerweile leben acht Elche im »Moose Garden« von Sunne. Der Hof hat sich zu einer Attraktion für Touristen aus dem In- und Ausland entwickelt. Und das nicht nur wegen der Tiere, sondern auch aufgrund ihrer Hinterlassenschaften: Denn aus dem Kot der Elche fabriziert Sunne Geldscheine und Papier – bevorzugt natürlich für die Abbildung von Elchen.

Moose Garden
Orrviken 215
S-832 94 Orrviken
Tel.: 070-3 63 60 61
info@moosegarden.com
www.moosegarden.com

36 Dromskåran – Relikt der Eiszeit

Nahezu erstarrt war Skandinavien während der Eiszeit. Ein mächtiger, etliche Kilometer dicker Eispanzer bedeckte das Land. Bewegung spielte sich meist in geologischen Zeiträumen ab – und das bedeutet: sehr, sehr langsam. Doch bisweilen hatte es die Natur eilig. Ein Beispiel dafür ist die Dromskåran. Eine mächtige Scharte, die wie eine Wunde im Gebirge des Oviksfjäll in der Nähe von Östersund klafft. Ganze 800 Meter lang ist dieser markante Einschnitt, 150 Meter breit und bis zu 50 Meter tief. Geologen haben eine Erklärung für diese Felsformation: Demnach gab es hier gegen Ende der Eiszeit einen Schmelzwassersee, der auf das umgebende Gestein drückte. Diesem Druck konnte das Gebirge an seiner schwächsten Stelle nicht mehr standhalten. Der Felsriegel brach, ein Fluss bahnte sich seinen Weg. Die Dromskåran ist zu einem beliebten, weil außergewöhnlichen Wanderziel geworden. Ein Weg führt von Bydalen hinauf zum Canyon, der auf einem schmalen Pfad durchquert werden kann. Nur wenige Pflanzen konnten sich seitdem hier ansiedeln. Stattdessen ist der Taleinschnitt übersät von Geröll und Felsblöcken. Seit dem Abschmelzen des Eises hat sich folglich nicht viel geändert.

Der Canyon Dromskåran bei Östersund verdankt seine Entstehung der Eiszeit (linke Seite oben). Noch heute bildet sich in den Hohlräumen Eis (oben).

37 Glösa – Elche im Fels

Ein Elch! Schon vor 6000 Jahren muss die Steinzeitmenschen in Jämtland dieser Anblick so begeistert haben, dass sie die Umrisse dieser Tiere in den Fels ritzten. Das Eis war gerade einmal seit einigen Jahrhunderten geschmolzen, Flechten und Moose hatten die blank geschliffenen Felsen besiedelt, später trieben die ersten Pflanzen ihre Wurzeln in die dünne Bodenschicht, dann auch Birken und andere Bäume. Diese lichten Wälder wurden bald von Tieren bewohnt. Auch Elchen. Der König der Wälder wurde ein wichtiger Nahrungsbestandteil der Menschen, die sich so weit nach Norden vorgewagt hatten. Ihr künstlerisches Naturell, vielleicht auch ihr Glaube bewog sie dazu, in der Nähe des heutigen Dorfes Glösa mehr als 40 Elche darzustellen. Schon 1685 wurden diese Felsritzungen der Urmenschen entdeckt. Auch heute spielt das Leben der Vorfahren in Glösa noch eine Rolle: Uralte Riten und Bräuche werden gepflegt. Damals deuteten Schamanen die Zukunft, heilten Krankheiten und hielten die Verbindung mit den Geistern, die in den Gedanken früherer Generationen die unsichtbare Welt bewohnten. Etwas von diesem Glauben ist in Glösa übrig geblieben und wird von den Menschen dort gehegt.

Rund 6000 Jahre sind die Elchdarstellungen bei Glösa alt (linke Seite unten).

115

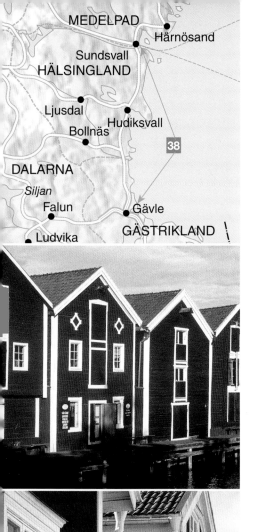

38 Am Bottnischen Meerbusen – vom Wasser geprägt

Industrie und Handel im Mündungsgebiet der großen Ströme

An der schwedischen Ostküste zwischen Gävle und Sundsvall vollzieht sich nahezu unmerklich der Übergang von der lieblichen Landschaft Mittelschwedens zum raueren Norden. Es sind die Provinzen Gästrikland, Hälsingland und Medelpad, die diesen Landesteil bilden.

Während am Ostseeufer noch vergleichsweise viele Menschen leben, ist das Landesinnere mit Ausnahme der Flusstäler sehr dünn besiedelt. Fast entsteht der Eindruck, eher einen Elch als einen Menschen treffen zu können. Die Distanzen werden groß. Um sich die Arbeit mit Entfernungsangaben zu erleichtern, rechnet man hier oft nicht mehr in Kilometern, sondern in schwedischen Meilen. Und die entsprechen jeweils zehn Kilometern! Diese Küstenregion war schon recht früh bewohnt. Auf den fruchtbaren Böden, welche die Flüsse und das Meer auf ihrem Rückzug hinterlassen haben, bauten Bauern Feldfrüchte an. Zudem wurde gehandelt – gerne mit den Sámi, die aus den Fjälls im Westen herunterkamen. Daher verliefen die wichtigsten Handelswege entlang der Flüsse. Die Siedlungen richteten sich zudem an den gewaltigen Wasserläufen des Nordens aus und wurden vor allem an deren Mündung in die Ostsee errichtet. Gute Beispiele für diese Entwicklung sind die Städte Hudiksvall und Sundsvall weiter oben im Norden von Schweden.

Gävle und der Bock

Etwas anders ist das noch in Gävle. Die Stadt liegt an der Nordgrenze der mittelschwedischen Senke und lässt sich schwer einordnen. Ist das schon Nord- oder noch Mittelschweden? Eines lässt sich feststellen: Gävle ist die älteste Stadt des historischen Landesteils Norrland. Doch leider sucht man Häuser aus der Gründerzeit im 15. Jahrhundert vergeblich. Feuer haben immer wieder in den meist aus Holz gebauten Städten Schwedens gewütet, diese in Schutt und Asche gelegt. Dieses Schicksal teilt auch die Fischer- und Handelsstadt Gävle. Beim letzten Großbrand im Jahr 1869 fielen rund 500 Häuser dem Raub der Flammen zum Opfer! Glücklicherweise hielt der Gävle-Fluss das Feuer davon ab, auch auf den südlich gelegenen Stadtteil überzugreifen. Dieser ist heute ein Kulturdenkmal und entführt den Besucher mitten hinein in das 18. Jahr-

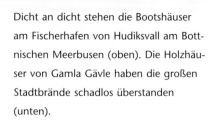

Dicht an dicht stehen die Bootshäuser am Fischerhafen von Hudiksvall am Bottnischen Meerbusen (oben). Die Holzhäuser von Gamla Gävle haben die großen Stadtbrände schadlos überstanden (unten).

hundert – mit bisweilen ein wenig windschief anmutenden Holzhäusern. Man läuft über Kopfsteinpflaster, schaut in die Fenster, hinter deren Scheiben Kerzenleuchter stehen, blickt auf Rosenstöcke, die an den roten, gelben und grünen Fassaden emporranken. Besonders die Künstler hat das Ambiente dieses ältesten Stadtteils angesprochen. Sie haben sich hier ihre Ateliers, Wohn- und Werkstätten eingerichtet. In Schweden ist Gävle außerdem für seinen Julbock bekannt, der Weihnachtsbock, der es sogar schon ins Guinnessbuch der Rekorde gebracht hat. Bis zu 13 Meter hoch ist der aus Stroh gebaute Vierbeiner, der seit 1966 alljährlich auf dem Schlossplatz aufgestellt wird. Doch Stroh brennt – und genau das wird dem Bock immer wieder zum Verhängnis. Sehr oft schon hat das Strohtier das Christfest nicht erlebt. Brandstifter bren-

nen es vorzeitig nieder, oder Vandalen zerstören es auf andere Weise. Sogar ein Auto wurde schon erfolgreich als Rammbock genutzt, um es in die Knie zu zwingen!

Gastfreundschaft in Hudiksvall

In der kleinen Stadt Hudiksvall ist die Zeit der Brandstifter jedoch schon lange vorbei. Tief schneidet an der Küste von Hälsingland die Ostsee in das Land hinein, wo der Ort 1582 am Ende der Bucht gegründet wurde. Über Jahrhunderte lebten die Menschen der Stadt vom Handel und vor allem vom Fischfang, was an den Bootshäusern in Möljen sowie an der »Fischerstadt« zu sehen ist. In diesen charakteristischen Holzhäusern lebten die Fischer im Winter. Im 19. Jahrhundert bescherte die Holzindustrie der Stadt gute Einkünfte. Den Bewohnern wird seit dieser Zeit nachgesagt,

Genauso weiß wie die Birken erstrahlt die Kirche von Skellefteå (links). Das Holz aus den Waldgebieten Mittelschwedens wird in den Sägewerken an der Küste verarbeitet und exportiert (oben und Mitte). Mutige Füchse kommen auf der Suche nach einem Happen bis in die Siedlungen (unten).

117

besonders fröhlich und gastfreundlich zu sein. In den Cafés und Restaurants kann man es auf einen Selbstversuch ankommen lassen. Kein Gebäude von Hudiksvall stammt aus der Zeit vor 1721 – mit zwei Ausnahmen: die Kirche und die sogenannte Russenhütte. Denn vor knapp 300 Jahren trieben russische Truppen wie in vielen anderen Städten an der schwedischen Ostküste auch in Hudiksvall ihr Unwesen. Sie brannten die Stadt komplett nieder. Nur die Kirche und ebenjene Russenhütte wurden von den Flammen verschont.

Sägen in Sundsvall

Ebenso wie Hudiksvall liegt die Stadt Sundsvall an einer Flussmündung, die von einer Insel geschützt wird. Von hier führt ein bekannter Pilgerweg hinüber zum heiligen Olav nach Trondheim, weshalb die Landschaft Medelpad, der »mittlere Pfad« genannt wird. Auch wenn man kein Schwedisch versteht: Der Satz des schwedischen Dichters Elias Sehlstedt (1808–1874) ist kurios: »Såg vid såg jag såg varhelst jag såg«, dichtete er 1852. Übersetzt heißt das: »Säge an Säge sah ich, wohin ich auch sah.«

Nach dem Besuch dieser Kneipe in Luleå (oben) ist angesichts strenger Alkoholkontrollen das Fahrrad (unten) das beste Transportmittel. Das Herrenhaus Svartig beeindruckt mit prächtiger Holzbauweise (Mitte). Für die Nutzung der Lejonströmsbron musste früher Maut bezahlt werden (rechts).

Und damit wird klar, womit man in der Stadt sein Geld verdiente: mit dem Holz, dass in den westlich gelegenen Wäldern geschlagen und in Sundsvall verarbeitet wurde. Im 19. Jahrhundert soll Sundsvall die Stadt mit der höchsten Sägewerksdichte der Welt gewesen sein. Ein paar Kilometer nördlich von Sundsvall mündet der Indalsälven in die Ostsee. Ein weites Delta – sogar das größte Schwedens – hat der Fluss mit den Materialien geschaffen, die er auf seinem Weg quer durch das ganze Land gesammelt hat. Ende des 18. Jahrhunderts hatte ein Mann namens Vild-Hussen versucht, den Verlauf des Flusses zu verändern, um ihn zu begradigen. Doch das endete in einem grandiosen Fehlschlag. Der Fluss suchte sich wieder sein eigenes Bett. Trotzdem hat der Mensch sich den Strom nun zunutze gemacht. Auf seinem Weg vom Fjäll zur Ostsee erzeugt er in mehr als einem Dutzend Kraftwerken Elektrizität.

Kampf gegen Raser

Das gilt auch für den Vindelälven, der bei Umeå in das Meer fließt, und den Fluss Skellefteån, der sein Mündungsgebiet weit in den Osten des Stadtzentrums von Skellefteå geschoben hat. Besonders interessant ist in dem Ort die Holzbrücke über den Strom, vor allem aber die Geschichten drum herum. Die Brückenmaut, die man von manchen norwegischen Straßen kennt, ist keine Erfindung der Neuzeit. Im Jahr 1737 wurde die Lejonströmsbrücke in Skellefteå fertiggestellt, und schon bald musste bezahlen, wer auf dem insgesamt 218 Meter langen Holzbauwerk den Fluss überqueren wollte. Fußgänger eine Öre, ein Reiter mit seinem Pferd drei Öre und die Kutsche mit einem Zugpferd sechs Öre. Wer mehrere Vierbeiner vor seinen Wagen gespannt hatte, musste das Doppelte berappen. Und man mag es kaum glauben: Auch eine Geschwindigkeitsbeschränkung gab es auf der Brücke. Wer mit seinem Pferd oder seiner Kutsche schneller war als ein durchschnittlicher Fußgänger, wurde mit fünf Reichstalern zur Kasse gebeten! Lange Jahre war das Bauwerk Schwedens längste Holzbrücke und wurde 1994 sogar unter Schutz gestellt.

WEITBLICK IM NATURRESERVAT BJURÖ

Im Norden des Gebiets unterhalb von Skellefteå schiebt sich schon fast mutig eine Landzunge weit in die Ostsee hinaus: die Bjurö. Es ist noch nicht allzu viele Jahrhunderte her, dass das Meer diesen Landstrich freigegeben hat – und das ist an vielen Stellen zu sehen. Knorrige Kiefern wachsen auf Felsen und auf den Steinen, welche die Brandung der Ostsee hier abgelagert und rund gewaschen hat. Finsame Sandbuchten und kleine Fischerdörfer machen das Areal zu einem fantastischen Ausflugsziel. Im Norden der Halbinsel steht sogar ein kleiner Leuchtturm mit einem Lotsenhaus – Panoramablick über die Ostsee inklusive.

ÅNGERMANLAND
• Strömsund   Umeå •
• Ramsele
• Örnsköldsvik
• Sollefteå
Kramfors • • Höga Kusten
MEDELPAD 39
• Härnösand
Sundsvall
HÄLSINGLAND

39 Höga Kusten – Weltnaturerbe mit Superlativ

Eine Landschaft als Emporkömmling

Seit dem Jahr 2000 steht die Höga Kusten – die Hohe Küste – auf der Liste des Weltnaturerbes. Damit ist eine Landschaft geschützt, bei der nichts so beständig ist wie der Wandel. Das Meer zieht sich zurück und lässt das Land im geologischen Expresstempo aufsteigen.

Vor Jahrtausenden schwappten durch den Wald des Nationalparks Skuleskogen noch die Wellen des Bottnischen Meeres. Nach der Eiszeit hob sich das Land und gab Lebensraum für die Pflanzen frei, die im Wald (oben), rund um Steine (unten) oder an Wasserfällen (rechte Seite unten) wachsen.

Berge, Seen und Wälder. Hinter dieser romantischen Fassade verbirgt sich ein Superlativ, der seinesgleichen sucht. Nirgendwo in der Welt ist in der Vergangenheit das Land schneller aus dem Meer emporgestiegen als an der Höga Kusten. Die UNESCO hat den Küstenabschnitt zwischen Harnösand und Örnsköldsvik deshalb unter Schutz gestellt. Vor 20 000 Jahren bedeckte noch ein dicker Eispanzer Nordeuropa. Die tonnenschwere Last drückte das Land weit nach unten und die Höga Kusten lag rund 800 Meter unter ihrem heutigen Niveau. Als das Eis schmolz, hob sich das Land – und zwar mit einer für geologische Verhältnisse rasanten Geschwindigkeit.

Eiszeit statt Sintflut

Erbittert haben die frühen Forscher über die Phänomene an der Höga Kusten gestritten. Absurd erschien die Vorstellung, dass sich das Land solchermaßen heben könne. Noch vor etwa 250 Jahren dominierte der biblische Standpunkt, dass die Sintflut für die weiten

Felsmeere verantwortlich sein müsse. Erst seit hundert Jahren wird die moderne Theorie der Landhebung allgemein akzeptiert. An den Felsen, die heute den Gipfel des Skulebergs bilden, plätscherten vor rund 8000 Jahren die Wellen der Ostsee – und das 285 Meter über dem heutigen Meeresspiegel. Mit annähernd einem Zentimeter pro Jahr hob sich in der Folge das Land. Erst tauchten kleine Felsinseln aus dem Wasser auf, dann die Ebenen. Für die Menschen bedeutete das eine ständige Veränderung ihres Lebensraums.

Im Fischerdorf Skeppsmalen, das auf einer Landzunge bei Örnsköldsvik liegt, ist das bestens zu beobachten. Vermutlich wird bald das Hafenbecken aufgrund der Landhebung zu flach für die Kutter der Fischer sein.

Am Drahtseil zum Gipfel

Doch Veränderungen gab und gibt es auch auf dem Festland. Ein Klettersteig führt über die Felsen hinauf auf den Gipfel des Skulebergs – 295 Meter über den Wellen des nördlichen Ostsee-Able-

gers, also gerade einmal zehn Meter über dem einstigen Niveau des Meeresspiegels. Der Blick schweift über den umliegenden Wald und die vielen kleinen Inseln, die im Laufe der Jahrhunderte aus dem Meer aufgetaucht sind. An einer der Felswände soll der Sage nach einst ein Räuber in einer Höhle gehaust haben. Er hieß Skule und hat dem Berg seinen Namen gegeben. Dem Skuleberg vorgelagert ist der Nationalpark Skuleskogen – der Skulewald. Gräber aus der Steinzeit zeigen, dass diese Gegend schon seit langer Zeit besiedelt war. Dichter Wald wechselt hier mit einer Landschaft ab, die von glatt geschliffenen Felsen dominiert ist und nur wenig Bewuchs zeigt. Allenfalls einige anspruchslose, verkrüppelte Kiefern finden zwischen dem rund gewaschenen Geröll einen Platz zum Überleben. Klappersteine nennen die Schweden diese

Geröllfelder. Und wer einmal über ein solches Feld gelaufen ist, weiß, woher dieser Name kommt. Ziel von Wanderern ist die Slåttdalsskrevan, eine gut 100 Meter lange und bis zu 30 Meter tiefe schmale Spalte im Fels.

Fantastisches Inselreich

Zahlreiche Inseln sind dem Festland vorgelagert. Teilweise sind sie so klein, dass gerade einmal ein Vogel darauf rasten kann, andere jedoch sind bewohnt. Auf dem größten dieser Eilande, der Ulvö, gibt es sogar eine Straße und einige Autos. Regelmäßig macht eine kleine Fähre im Hafen der Insel fest. Früher lebten die Menschen hier vom Fischfang, bauten aber auch Eisenerz ab. Heute finden vor allem Touristen den Weg nach Ulvö, wo sogar eine Akademie ihren Sitz hat: die Surströmmings-Akademie.

In der Weite des Nordens kann man die Natur bei Sonnenaufgang an einem See bei Riksgränsen (oben), auf einer Hunde- schlittentour bei Jokkmokk (Mitte), bei einem Sonnenuntergang am Bottnischen Meer (unten) oder bei einer Wanderung auf den Galtispouda bei Arjeplog erleben (großes Bild).

Nordschweden – von Norrbotten bis Lappland

40 Gammelstad – historische Kirchstadt in Luleå

Mittsommer im Weltkulturerbe

Wer im Mittelalter den Gottesdienst besuchen wollte, hatte im Norden Schwedens oft eine lange Anreise vor sich. Daher wurden rund um die Kirchen Unterkünfte errichtet – richtige kleine Kirchenstädte, wie die zum Weltkulturerbe erklärte Gammelstad bei Luleå. In dieser historischen Umgebung wird die traditionelle Mittsommerfeier zum besonderen Erlebnis.

Die langen Tage rund um Mittsommer werden im ganzen Land ausgelassen gefeiert – auch in der Gammelstad bei Luleå (rechte Seite oben). Dann werden Blumen zu Kränzen geflochten und auf dem Kopf getragen (oben und unten). Zu den Klängen von Geige und Akkordeon zieht es Jung und Alt auf den Tanzboden (rechte Seite unten).

Noch vor 1000 Jahren lag das Land, auf dem sich heute die Stadt Luleå erstreckt, 10 Meter unter Wasser. Der Kirchberg der heutigen Gammelstad war nur eine kleine Insel in der Mündung des Flusses Lule älv. Doch schon im 14. Jahrhundert hatte sich die Ostsee so weit zurückgezogen, dass sich das Gebiet zum Handels- und Marktplatz sowie Zentrum einer Kirchengemeinde entwickelte, die sich von der Küste bis hinauf in die Berge zur norwegischen Grenze ausdehnte. Und bereits zu Anfang des 15. Jahrhunderts wurde hier mit dem Bau der ersten Steinkirche begonnen. Die Kirche von Niederluleå mit ihrem prächtig gestalteten Innenraum ist noch heute das größte mittelalterliche Gotteshaus in Norrland.
Die knapp 500 Jahre alten Holzfiguren am Altar zählen zu den feinsten Arbeiten ihrer Art in Schweden und stellen die Leidensgeschichte Christi dar. Den Chor schmücken spätmittelalterliche Kalk-

malereien. Jüngeren Datums ist der Glockenturm, der im Jahre 1851 anstelle eines hölzernen Kirchturmes gebaut wurde.

Hüttendorf als Weltkulturerbe

Mindestens ebenso spannend wie das Gotteshaus, das zeitweise auch als Festung genutzt wurde, ist die Kirchstadt rundherum. Sie war der natürliche Treffpunkt für die Menschen der Region. Für sie erforderte der Besuch eines Gottesdienstes oder eines Marktes meist lange Reisen auf unbefestigten Wegen. Also wurden rund um die Kirche Häuser gebaut, die den Reisenden eine sichere Unterkunft boten. Insgesamt gab es früher 71 solcher Kirchstädte in Schweden, von denen heute noch 16 erhalten sind. Mit 408 Häuschen ist die Kirchstadt von Luleå jedoch die größte und besterhaltene. Aufgrund ihrer Besonderheit erklärte die UNESO sie 1996 zum Weltkulturerbe – schließlich kann sie eine sehr lange

Geschichte aufweisen. Darauf weist auch ihr Name Gammelstad hin, was einfach nur »Alte Stadt« bedeutet. Vermutlich Mitte des 16. Jahrhunderts wurden die ersten Gebäude rund um das Gotteshaus errichtet. Dabei baute man nicht nach Plan, sondern dort, wo es eben Platz gab. Und so spaziert man heute mal über breite Wege, mal durch enge Gassen – und entdeckt immer wieder neue Details an den aufwendig renovierten Holzhäusern.

Tanz um den Kranz

Ein besonderes Erlebnis ist das Mittsommerfest in den Gassen der alten Kirchstadt. Der schwedische Sommer ist kurz und wird deswegen umso beschwingter gefeiert. Schließlich geht die Sonne so weit nördlich des Polarkreises nicht mehr unter. Der Mittsommertag wird alljährlich an dem Samstag gefeiert, der dem 24. Juni, dem Johannestag, kalendarisch am nächsten liegt. Das eigentliche Fest findet dabei am Mittsommer-

abend statt, dem Freitag vor dem Mittsommertag. Dann erlebt man eine ganze Nation in Feierlaune. Im Mittelpunkt des Mittsommerfestes steht eine mit Laubblättern und Blumenkränzen geschmückte Stange, die auf einem öffentlichen Platz aufgestellt wird. Um diese herum wird getanzt, gesungen und gespielt. Und wer noch eine Tracht im Kleiderschrank hat, der zieht sie an diesem besonderen Tag natürlich an. Gegessen werden traditionell marinierter Hering, gekochte Dillkartoffeln und Dickmilch mit Rahm und gehackten roten Zwiebeln. Dazu wird gegrillt, gerne Lachs. Zum Nachtisch gibt es dann frische Erdbeeren mit Sahne – und auch Bier und Schnaps, immer von einem Trinklied begleitet. Auch der für Skandinavien obligatorische Kaffee darf nicht fehlen. Doch kaum ist Mittsommer vorbei, wird es ruhig in Schweden. Denn dann scheint es, als habe sich das ganze Land in den Sommerurlaub verabschiedet.

BADEN AM POLARKREIS

Baden an einem Sandstrand im hohen Norden? Das ist zugegebenermaßen nicht unbedingt das, was man in Nordschweden erwarten würde. Doch in der Nähe von Piteå war die Natur großzügig. Keine Steine bilden den harten Untergrund in vielen Buchten, sondern weicher Sand. Und das weit in die flachen Buchten hinein, sodass sich das Wasser während der langen Sommertage schnell erwärmt. Ideale Voraussetzungen also für einen Badeurlaub.

Den Rahmen dafür hat man auf der Halbinsel Piteholmen geschaffen. Das »Pite Havsbad« ist eine Hotelanlage mit einem Camping- und Hüttenareal – ein beliebtes Reiseziel vor allem für Familien aus Schweden und Norwegen. Es lockt der Strand, aber auch ein Freizeitpark im Freien und im Schutz einer Halle. Denn obwohl der Küstenabschnitt als eine der sonnigsten Gegenden Schwedens gilt, kann es einmal kühl und regnerisch sein.

Pite Havsbad
Box 815
SE-941 28 Piteå
Tel.: 09 11-3 27 00
info@pite-havsbad.se
www.pite-havsbad.se

41 Eurostadt Tornio Haparanda – aus zwei mach eins

Schwedisch-finnische Nachbarschaft ohne Grenzen

Haparanda kann nicht mit vielen schönen Sehenswürdigkeiten aufwarten. Doch was die Stadt interessant macht, ist die Verknüpfung mit der finnischen Stadt Tornio jenseits des Grenzflusses und der damit verbundenen Geschichte.

Tornio war einst einer der wichtigsten schwedischen Handessplätze. Schwedisch? Richtig! Denn die Stadt gehörte lange Jahre zum schwedischen Reich. »Fantastisch gelegen, kein Han-

delsposten behindert den Warenverkehr«, notierte der spätere Erzbischof Olaus Magnus (1490–1557) vor rund 500 Jahren. Zwei Jahrhunderte später war es allerdings vorbei mit der schwedi-

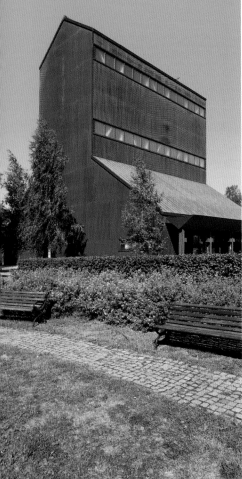

Über das Aussehen der Kirche von Haparanda ist man auch in der nordschwedischen Stadt geteilter Meinung (oben). Brücken (rechts) verbinden nicht nur die Städte Haparanda und Tornio, sondern auch zwei Länder: Schweden und Finnland. Kirche von Alatornio am Grenzfluss Torneälven (rechte Seite oben).

schen Regentschaft. 1809 musste Schweden Teile von Lappland und Västerbotten an Russland abtreten, das daraufhin das autonome Großfürstentum Finnland gründete. Auf der schwedischen Seite des Grenzflusses Torneälv blieb lediglich ein kleines Dorf mit sieben Bauernhöfen übrig – Haparanda. Die Regenten statteten das Grenzdorf jedoch mit Marktrechten aus. Und so wuchs Haparanda inzwischen zu einer Stadt mit heute rund 10 000 Einwohnern heran.

Eisenbahnbrücke mit Geschichte

Es gibt Städte, die sind ohne Zweifel pittoresker. Sogar über das Aussehen der in den 1960er Jahren erbauten Kirche wurde und wird nach wie vor diskutiert, da der Kupferbau eher an ein Industriegebäude denn an ein Gotteshaus erinnert. Doch was Haparanda auf schwedischer und Tornio auf finnischer Seite spannend macht, ist die jüngere Geschichte. Die Position an der Schnittstelle zwischen Ost und West – besonders im Ersten Weltkrieg. Tag und Nacht fuhren Züge mit Flüchtlingen und Waren, Spionen und Schmugglern über die weithin sichtbare Eisenbahnbrücke, die den Grenzfluss Torneälv überspannt. Lenin nahm 1917 die Verbindung über diese Brücke auf dem Weg nach Russland und damit zur Machtergreifung. Über sie verlief außerdem vor dem Zweiten Weltkrieg die einzige Zugverbindung zwischen Russland und Deutschland. Was den Zugverkehr nach wie vor erschwert: Finnische und schwedische Eisenbahnen haben unterschiedliche Spurweiten, und so verlaufen über diese Brücke zwei unterschiedliche Gleise. Reisende fahren nicht mehr auf

dieser Strecke, nur einige Güterzüge passieren den im Jugendstil gebauten Bahnhof, der so viel Geschichte miterlebt hat und in dem heute ein Jugendhaus untergebracht ist.

Möbelhaus verursacht Boom

Was einst zusammengehörte und dann getrennt wurde, das wächst heute wieder zusammen. Und das im wahren Wortsinn. Der Grenzstreifen, den früher die Zöllner und Grenzbeamten überwachten, wird bebaut. Hier entstehen neue Straßen und Geschäfte. Ausgelöst hat diesen Boom ein auch in Deutschland bekanntes schwedisches Einrichtungshaus: Nachdem im Sommer 2005 angekündigt worden war, dass der Möbelgigant Ikea in Haparanda eine Filiale eröffnen will, wurden binnen weniger Tage Erschließungsflächen für viele Millionen Euro verkauft. Haparanda und Tornio entwickeln sich seitdem zu wichtigen Handelsplätzen und erlangen damit wieder eine Bedeutung, die sie bereits vor Jahrhunderten schon einmal gehabt haben.

Die Grenze spielt kaum noch eine Rolle. Die Pläne der beiden Städte gehen sogar so weit, dass eine gemeinsame Kommunalpolitik der »Euro-City« mit einem einzigen Stadtparlament angedacht ist. Für die Menschen ist die Grenze ohnehin kein Hindernis mehr. Feuerwehren und Rettungsdienste arbeiten bereits zusammen, Eltern können ihre Kinder diesseits oder jenseits der Grenze zur Schule schicken. Ins Nachtleben stürzen sich Finnen und Schweden in Tornio, weil das Angebot hier größer ist. Und eingekauft wird da, wo der Währungskurs gerade günstig ist.

ARTENREICHTUM IM SCHÄRENGARTEN

Für die Natur spielen Grenzen ohnehin keine Rolle. So ist das Meer vor der Küste ein wichtiger Lebensraum mit regem Austausch. Seit 1995 ist der Schärengarten südlich von Haparanda auf der Liste der schwedischen Nationalparks zu finden. Unzählige kleine und größere Inseln ragen am nördlichen Ende des Bottnischen Meerbusens aus den Wellen. Kennzeichnend für diese Schären sind lange Sandstrände. In der Dünenlandschaft haben viele Tier- und Pflanzenarten ein Zuhause gefunden, darunter auch seltene. Ornithologen kamen bei Zählungen in dem Gebiet auf rund 200 verschiedene Vogelarten. Die Entstehung dieser Landschaft geht auf das Spiel von Wind, Wellen und der Landhebung zurück.

Immer noch steigen die Inseln als Folge der Eiszeit um jährlich 8,5 Millimeter nach oben. So ist der Schärengarten eine Landschaft im Wechsel, die ihr Antlitz im Verlaufe weniger Generationen ändert. Und das zum Leidwesen der Schifffahrt. Die Untiefen haben schon manches Boot leckschlagen lassen.

127

42 Leben am Torneälv – unendliche Weiten voller Abgeschiedenheit

Stromaufwärts Richtung Eismeer

Von Haparanda am Bottnischen Meerbusen bis hinauf nach Karesuando mitten in Schwedisch-Lappland führt der Ishavsleden, der Eismeerweg. Er führt entlang des Flusses Torneälv und der finnischen Grenze durch die schwedische Einsamkeit. Um zum Eismeer zu gelangen, ist ein Wechsel auf die östliche, zu Finnland gehörende Seite des Torneälv notwendig.

In solchen Hütten wurde die Heuernte eingelagert (oben). Weiße Rentiere sind etwas Besonderes und in der Landschaft leicht zu entdecken (unten).
In den Stromschnellen bei Pajala strömt der Torneälv über zahllose Felsstufen (rechte Seite oben). Flussläufe, Sandbänke und Wollgras sind ein ideales Brutrevier für Wasservögel (rechte Seite unten).

Schon seit langer Zeit besteht die Verbindung durch das Tal des Torneälv vom Bottnischen Meerbusen nach Norden. Vom 18. Jahrhundert an gibt es sogar einen zu großen Teilen durchgängig befahrbaren Weg. Der Torneälv ist mit 520 Kilometern der längste Fluss der schwedischen Provinz Norrbotten. Er war aufgrund seines enormen Fischreichtums und der vergleichsweise guten Ackerböden an seinem Ufer die Speisekammer der hier lebenden Menschen. Über viele Kilometer bildete er erst die Grenze nach Russland, später die nach Finnland. Der Ishavsleden nach Norden ist eine Route in die Abgeschiedenheit der schwedischen Taiga mit ihren schier unendlichen Wäldern, Seen und Mooren.

Wildes Wasser am Kukkolaforsen

Der gemächlich dahinfließende Torneälv zeigt bei Kukkola, welche Kraft in ihm steckt. Auf einer Strecke von 3,5 Kilometern verliert er 14 Meter Höhe. Nach der Schneeschmelze im Frühjahr rauscht das Wasser über die Felsen, bildet Walzen und Strudel. Auch im Winter, wenn das Thermometer über viele Tage hinweg Temperaturen von 20 Grad unter null und weniger anzeigt, erstarrt der Fluss nicht.

Ein ganzes Stück flussaufwärts spaltet sich der Torneälv bei Hietaniemiselet in mehrere Arme auf. Nach der Eiszeit wurde an dieser Stelle im Tal Sand abgelagert, durch den sich – je nach Wasserstand – der Fluss heute seinen Weg bahnt oder einfach über die Inseln hinwegfließt. Das Ergebnis ist ein einzigartiges, sich immer wieder veränderndes Flussdelta mit vielen kleinen Inselchen, die früher von den Bauern genutzt wurden. Hietaniemiselet ist ein wichtiges Brutrevier für Vögel.

Orgel aus Stockholm

Schon seit vielen Jahrhunderten leben Menschen im Tal des Torneälv. Damit ist

die Senke rund um den Strom erheblich länger besiedelt als vergleichbare Flusstäler in Nordeuropa. In der Nähe von Övertorneå gab es bereits 1482 eine Kapelle. Das heutige Gotteshaus stammt aus den 1730er-Jahren und weist mit seinen vielen Ecken die für weitere Kirchen in Lappland typische Form auf. Die Orgel hat eine weite Reise hinter sich: Sie wurde im Jahr 1609 für die Deutsche Kirchengemeinde in Stockholm gebaut und 1788 an die Gemeinde in Övertorneå verkauft. Vom Gipfel des

nur spärlich mit Bäumen bewachsenen, knapp 200 Meter hohen Luppioberget ein paar Kilometer südlich von Övertorneå genießt man einen herrlichen Blick über das Tal und die angrenzenden Wälder. Geröllfelder mit rund gewaschenen Steinen zeugen von der Eiszeit und der darauffolgenden Schmelze.
An vereinzelten Höfen vorbei führt der Ishavsleden durch die Einsamkeit immer weiter nach Norden. Pajala, die nächste größere Siedlung, dürfte einer der wenigen Orte in Schweden sein, auf die sow-

Weiden sind ein typisches Buschwerk für Nordschweden (oben). Weidenröschen (Mitte) als auch das Wollgras wachsen bevorzugt an feuchten Stellen (unten). Auf diesen wackeligen Bretterstegen am Kukkolaforsen lauern die Fischer auf ihre Beute (rechts).

jetische Bomben gefallen sind – allerdings nur aus Versehen. Glücklicherweise gab es dabei nur zwei Leichtverletzte und einige niedergebrannte Häuser, für die später sogar Schadensersatz bezahlt wurde.

Und in Karesuando, noch einmal mehr als 150 Kilometer weiter nördlich gelegen, gibt es auf schwedischer Seite keine Straße mehr nach Norden.

Hier muss man bei der Fahrt in den Norden auf die finnische Seite hinüberwechseln.

Reich der Rentiere

Möglicherweise hat man auf der Fahrt durch das Tal des Torneälv mehr Rentiere als Menschen gesehen. Denn die Wälder Nordeuropas sind das Revier dieser Tiere, die den langen und meist schneereichen Winter im Norden sehr gut verkraften. Was jedoch rechts und links der Straße trottet, sind keine Wildtiere. Jedes Rentier hat einen samischen Besitzer und kann an den Ohrmarken identifiziert werden. Aber das ist eine Wissenschaft für sich.

FISCHFANG AM KUKKOLAFORSEN

Früher wie heute werden am Kukkolaforsen Fische mit dem Käscher gefangen. Dazu wurden lange, hölzerne Stege, die sogenannten Pator, in den reißenden Strom hineingebaut. Unter professioneller Anleitung können Touristen diese Fangtechnik erlernen. Den Fisch – meistens Felchen – kann man sich dann am Abend auf dem eigenen Grill selbst zubereiten oder im benachbarten Restaurant genießen. Über den Fischfang sowie das frühere Leben am Torneälv kann man sich im Fischereimuseum des Touristenzentrums informieren. Wem das zu beschaulich ist, der kann die Stromschnellen des Flusses auch im Raftingboot überwinden.

Kukkolaforsen Turist & Konferens
Kukkolaforsen 184
S-953 91 Haparanda
Tel.: 09 22-3 10 00
Fax: 09 22-3 10 30
info@kukkolaforsen.se
www.kukkolaforsen.se

43 Norrland – ungezähmte Ströme & Wasserkraft

Flussgeschichten – über die wilden Wasser Nordschwedens

Wie ein Dach fällt die Landschaft Nordschwedens nach Osten hin ab. Jeder Tropfen Wasser, der hier im Sommer fällt, jede Schneeflocke, die sich wieder in Wasser verwandelt, fließt in Richtung Bottnischer Meerbusen. Im Laufe eines Jahres kommt da einiges zusammen.

Es sind gewaltige Ströme wie der Luleälven oder der Piteälven, die neben den weiten Wäldern das Landesinnere des schwedischen Teils von Lappland prägen. Schon früher verliefen die Handelswege zwischen dem Fjäll im Westen und dem Meer im Osten in den Tälern entlang der Flüsse – oder auf ihnen. Denn die Flößerei war gang und gäbe, zumindest dort, wo das Wasser einigermaßen gemächlich zu Tal strebte. Allzu viel hat sich daran nicht geändert, immer noch sind Autos, Busse und Lastkraftwagen zumeist in genau den Tälern unterwegs, die schon seit Jahrhunderten die Menschen zueinander finden lassen. Die Wasserläufe in Schwedisch-Lappland haben heute aber noch eine andere, äußerst wichtige Bedeutung: Sie versorgen das Land mit Strom. Nahezu die

Über viele Hundert Meter schäumt der Piteälv am Storforsen ins Tal (oben). Weitaus gemächlicher plätschert der Luleälven bei Niedrigwasser zum Bottnischen Meer (rechts).

Hälfte der Elektrizität, die die Schweden verbrauchen, wird in den Wasserkraftwerken des Landes erzeugt – vor allem in den Kraftwerken im Norden. Dafür mussten an den meisten Flüssen natürlich Staustufen gebaut werden – was zu heftigen Diskussionen geführt hat. Doch trotz der Eingriffe durch den Menschen üben diese mächtigen Ströme immer noch eine gewaltige Faszination aus. Sie sind zusammen mit den Seen die Fixpunkte in einer ansonsten weitgehend homogenen Landschaft, die es zu bereisen lohnt.

Treppab am Ångermanälven

Der Ångermanälven ist einer der wasserreichsten Flüsse Schwedens. Um einmal eine Vorstellung davon zu bekommen: An seiner Mündung bei Härnösand an der Höga Kusten fließen im Schnitt knapp 500 Kubikmeter Wasser pro Sekunde in den Bottnischen Meerbusen! Das Gewässer entspringt im Fjäll des südlichen Lapplands und treibt auf seinem Weg in Richtung Tal die Turbinen etlicher großer Wasserkraftwerke an. Eine der interessantesten Sehenswürdigkeiten des Flusses ist ein Wasserfall an seinem Oberlauf, wo er das Gebirge hinter sich lässt. Der Name Trappstegforsen – zu Deutsch Treppenstufenwasserfall – ist Programm, denn das Wasser, das vom See Kultsjön bei Saxnas hinunter in den See Bijelite fließt, fällt nicht über die Felsen. Es steigt vielmehr auf einer Strecke von mehreren Hundert Metern über viele Stufen hinab.

Zwei Ströme, ein Delta

Der Fluss Umeälven entspringt aus dem See Överuman an der schwedisch-nor-

wegischen Grenze, passiert das Gebirge um das Norra Storfjället und breitet sich im See Storuman zu enormer Größe aus. Eher unspektakulär setzt er danach seinen Weg in Richtung Ostsee fort, fließt an dichten Wäldern und grünen Wiesen vorbei, streift kleine Ortschaften und einsame Höfe. Auf insgesamt 470 Kilometern durchströmt er 17 Kraftwerke und ist damit der drittgrößte schwedische Stromproduzent. In seinem Unterlauf vereinigt er sich mit dem etwa gleich langen Vindelälven. Dieser am Nasafjäll entspringende Fluss ist eine der wenigen Wasseradern Schwedens, die noch ungezähmt sind und deren Lauf durch keine Staumauer gebremst wird. Zu Zeiten der Schneeschmelze im Frühsommer kann seine Wasserfracht auf das Zehnfache ansteigen! Der Vindelälven erschafft sich in dieser Zeit immer wieder neu, flutet Auen, fräst Uferböschungen an. Die Dynamik führt dazu, dass sich in seinem Tal eine reichhaltige Tier- und Pflanzenwelt entwickeln und auch halten konnte.

Häufig wird man in den Auwäldern an seinem Ufer in der Dämmerung Elche antreffen, die die jungen weichen Triebe der Bäume anknabbern. Auch Luchse wurden schon gesichtet. Die Kehrseite dieser ungezähmten Wildheit: Die Bewohner des Tales müssen immer wieder mit Überschwemmungen rechnen. Gemeinsam münden Umeälven und Vindelälven bei Umeå in die Ostsee. Dabei haben sie so viel Sand und Geröll im »Gepäck«, dass ein großartiges Delta mit vielen Mündungsarmen und immer wieder unter Wasser gesetzten Brachflächen entstanden ist, das in Schweden seinesgleichen sucht.

Am Storforsen hat sich das Wasser einen tiefen Canyon geschaffen (oben). Tau bedeckt die Blätter eines Frauenmantels (unten).

133

Rauschende Wasserfälle

Zwei Quellflüsse sind es, die den Piteälven zu Wege bringen. Beide entspringen in großen Gebirgsseen im Fjäll an der norwegischen Grenze. Und diese Gegend ist an sich schon sehenswert, denn einerseits wachsen auf kalkreichem Grund sehenswerte Pflanzen wie Fjäll-Arnika, und anderseits gedeihen auf hartem Schiefergestein interessante und far-benprächtige Flechten. Auf seinem Weg Richtung Ostsee zwängt sich der Piteälven durch enge Schluchten, strömt über Felsen, dann wieder durch Seen mit einsamen Stränden, an deren Ufer Vögel brüten. Und erreicht schließlich den Trollforsen, eine der größten Stromschnellen Europas. Auf einer Strecke von 800 Metern quetscht sich der Piteälven zwischen Felsen hindurch und rauscht

Der Elch, der König des Waldes, trottet alles andere als majestätisch durch den Norden (oben). Buschwindröschen künden auch im Fjäll vom nahenden Frühling (Mitte). Tautropfen benetzen Moospolster (unten). Der Name des Trappstegforsen bedarf keiner weiteren Erklärung (rechts).

über Klippen hinweg. Für Kajakfahrer ist dieser Abschnitt eine gern versuchte Herausforderung, die bisweilen mit einem unfreiwilligen Bad endet. Der umgebende Naturwald ist durchzogen von Flussläufen und Altwässern, kleineren Seen und Sümpfen und stellt ein Paradies für Tiere und Pflanzen dar, welche die Nähe zum Wasser suchen. Doch damit nicht genug! Der Piteälven muss

sich auf seinem Lauf zum Meer über einen weiteren Wasserfall stürzen, der einer der schönsten und der gewaltigste ganz Skandinaviens ist. Es rauscht schon aus einiger Entfernung, wird lauter. Gischt stäubt durch die Luft. Der Storforsen – »Großer Wasserfall«: Der Name kommt nicht von ungefähr. Denn was sich hier über die Felsen im Flussgrund bei Bredsel wälzt, das ist enorm. Ganze 250 Kubikmeter Wasser pro Sekunde sind es im Durchschnitt, rund 1200 Kubikmeter als Rekord während der Schneeschmelze, wenn der Fluss seinen höchsten Wasserstand erreicht. Unterhaltungen an seinem Ufer sind zu dieser Zeit unmöglich. Weitgehend ruhig fließt der Piteälven nach diesen Stromschnellen weiter, bildet bei Piteå einen See und mündet dann in die Schärenwelt des Bottnischen Meerbusens.

Luleälven und Kalixälven

Der Luleälven und der Kalixälven sind, abgesehen vom Torneälven, die nördlichsten der großen Flüsse Lapplands. Sie entwässern die großen Fjällgebiete rund um Sarek und Kebnekaise. Damit enden aber schon die Gemeinsamkeiten. Entlang des Luleälven stehen die größten Wasserkraftwerke des Landes. Ein Fünftel des in Schweden aus Wasserkraft erzeugten Stroms stammt aus dem Lauf des Luleälven. Im Gegensatz dazu hat man an den Kalixälven niemals Hand angelegt. Manchmal aufbrausend, dann wieder gemächlich strömt er dem Schärengarten im Norden des Bottnischen Meerbusens zu, durchfließt Seen und durchströmt enge Täler, versorgt geheimnisvolle Moore mit Wasser. Ein Eldorado für Angler und Naturfreunde.

HÄLLINGSÅFALLET – REGENBÖGEN IM WASSERDUNST

Auch wer nicht so weit in den Norden Lapplands reist, muss nicht auf spektakuläre Wasserfälle verzichten. Schon in Jämtland in der Nähe von Frostviken beeindruckt der Hällingsåfallet mit seinen 42 Metern Fallhöhe. Ergänzt wird das einzigartige Bild durch einen 800 Meter langen, engen und hohen Canyon, durch den sich die Wassermassen drücken müssen – der längste im ganzen Land. Er entstand vermutlich im Zusammenspiel zwischen Wasser und Eis während der letzten Kaltzeit sowie einer vor 9000 Jahren bereits vorhandenen Schwachstelle im Gestein. Der Hällingsåfallet liegt in der Nähe des Sees Hetögeln bei Strömsund und Gäddede. Die Zufahrt ist ausgeschildert.

44 Arvidsjaur & Arjeplog – Land zwischen Berg und See

Silber, Sámi & Autotester

Die Gegend rund um Arvidsjaur und Arjeplog ist das Land der Sámi. Sie pendelten früher mit ihren Herden zwischen den Fjällregionen im Westen und dem Flachland im Osten. Die Seen, auf denen heute im Winter die Autotester unterwegs sind, waren früher die Verbindungswege der Sámi.

Silber! Der Fund des Edelmetalls kam den vom Dreißigjährigen Krieg stark gebeutelten Schweden gerade recht, um die Kriegskasse aufzufüllen. Ein Sámi machte 1634 am Nasafjäll an der norwegischen Grenze die Entdeckung, die Hoffnung auf neue Einkünfte brachte. Bereits ein Jahr später begann der Bergbau – mit einfachsten Mitteln. Es war nicht leicht, das Silbererz aus dem Berg zu holen. Und mindestens ebenso schwierig war es, das begehrte Edelmetall in die Schmelzhütten der Gegend zu transportieren. Sámi übernahmen diese Arbeit, fuhren vor allem im Winter, wenn eine dicke Schneeschicht das Land bedeckte, mit ihren Rentierschlitten. Das wertvolle Metall wurde schließlich bis in das 400 Kilometer entfernte Skellefteå an der schwedischen Ostseeküste transportiert.

Jagdgebiet des Luchses

Heute erinnert der Silvervägen, wie die Silberstraße auf Schwedisch heißt, an diese Zeit. Über 420 Kilometer zieht sich die Touristenroute von Skellefteå bis in die norwegische Küstenstadt Bodø. Und dieser Weg von Küste zu Küste führt zuerst durch tiefe Wälder – die Heimat des Luchses. Fast wäre es um das Pinselohr in Schweden geschehen gewesen. Zu Beginn des 20. Jahrhunderts streunten nur noch wenige Luchse durch die Wälder von Jämtland und Västerbotten. Schuld daran war die Jagd auf das Raubtier. Mittlerweile hat sich der Bestand aber wieder erholt. Zwischen 1500 und 2000 Luchse gibt es heute zwischen Blekinge und Lappland. Lediglich ganz im Süden, in Schonen, wurden die Raubkatzen noch nicht gesichtet. Das Glück, eines dieser Tiere in freier Wildbahn zu sehen, werden aber nur die wenigsten haben. Der Luchs hat ein ausgesprochen feines Gehör, kann über den Waldboden oder das Fjäll laufende Rentiere noch in 500 Metern Entfernung hören! Vor dem Menschen, der für den Luchs die größte Bedrohung ist, wird er in den meisten Fällen rechtzeitig flüchten.

Von den Bergen rund um Arjeplog schweift der Blick über Seen wie den Galtisjaure (linke Seite oben) und Hornavan (linke Seite unten). Den scheuen Luchs (oben) wird man kaum zu sehen bekommen, während Elche (unten) für Autofahrer eine tödliche Gefahr sein können.

Die Kirche von Arvidsjaur ist nicht nur architektonisch reizvoll gebaut, sondern im Innern auch prachtvoll ausgestaltet (oben und Mitte). Zweckmäßig dagegen waren die Koten der Sámi mit einem Holzgestell als tragendem Gerüst (unten und rechts). Der winterliche Schnee hüllt die Landschaft in ein glänzendes Weiß (rechte Seite unten).

Angeln am »großzügigen See«

In der Gegend von Arvidsjaur sind von Osten kommend die ersten höheren Berge zu sehen. Für Angler macht der Name des Ortes Hoffnung, denn er weist auf das reiche Vorkommen von Fischen hin. Tatsächlich gibt es rund um die Stadt etliche kleinere und größere Seen, in denen Saiblinge oder Forellen gefangen werden können. Auch im Winter! Dann erlebt man die ohnehin als ruhig geltenden Schweden noch ruhiger. Sie sitzen stundenlang vor einem kleinen, in das dicke Eis eines Sees gebohrten Loch, heben bisweilen die Hand, von der eine Schnur mit Köder hinunter in das eiskalte Wasser hängt. So einfach kann Entspannung sein.

Seine Existenz verdankt Arvidsjaur einem Wunsch Königs Karls IX. Dieser wollte Anfang des 17. Jahrhunderts die samische Bevölkerung Lapplands christianisieren und ließ deshalb einen Kirch- und Marktort bauen – vermutlich, um seine Untertanen besser unter Kontrolle zu haben. Diese pendelten mit ihren Rentierherden zwischen den gebirgigen

Fjälls im Westen und den Flusstälern im Osten. Die *Lappstaden* ist heute die wichtigste Sehenswürdigkeit des Ortes. Rund 80 Holzhäuschen und Katen sind erhalten geblieben, die zum Teil bereits über 200 Jahre alt sind. Doch auf Dauer gewohnt hat hier niemand. Hier fanden die Reisenden Unterschlupf, die zu besonderen Ereignissen wie Markt- und Kirchtagen nach Arvidsjaur gekommen waren. Und noch heute wird im August rund um die *Lappstaden* alljährlich ein Marktfest gefeiert. Da sind dann auch Touristen gerne dabei.

Erbe der Sámi

Die Entfernungen in Lappland sind groß. Die Fahrt in eine durch unzählige Bäume, Hügel und Seen getrennt liegende Nachbarstadt kann durchaus eine Stunde oder mehr dauern. Und das trifft auch auf Arjeplog zu. Beinahe rundum vom Wasser des sich weit auffächernden Flusses Skellefteån ist das Städtchen umgeben. Fragt man hier nach dem Doktor, so wird man sehr wahrscheinlich nicht in die nächste Arztpraxis geschickt. Die Wegbeschreibung wird vielmehr direkt ins Silbermuseum führen. Einar Wallquist, der »Lappen-Doktor«, kam 1922 als junger Mann in die Abgeschiedenheit Lapplands und blieb. Er war fasziniert von der Landschaft und den hier lebenden Menschen, die ihm Inspiration für Gemälde und Bücher lieferten. Und noch etwas hat er hinterlassen: eine Sammlung mit Gegenständen der Sámi. Prächtig war der Schmuck, wie in der Ausstellung zu sehen ist. Aus Silber natürlich, das vom nicht sehr weit entfernten Fjäll herangebracht wurde. Es sind Spangen und Ketten, Ringe und

Broschen. Manche noch mit schamanischen Symbolen, andere bereits mit den Zeichen der Christenheit. Gezeigt werden außerdem alte Jagdutensilien. Denn die Rentierzucht bekam erst im 17. Jahrhundert eine große Bedeutung. Bis dahin lebten die Menschen in der Region von der Jagd, dem Fischfang und der Landwirtschaft. Und auch, als das Ren die Haupteinkommensquelle der Sámi wurde: Auf die Jagd und zum Fischen ging man immer noch. Auch im Winter. Und der ist heute die umtriebigste Zeit in Arjeplog.

Autotester auf dem Hornavan-See

Denn wenn die Kälte hereinbricht und das Eis wächst, dann kommt mit Tausenden Autotestern und Ingenieuren Leben in den 2000-Seelen-Ort. Im Winter verdoppelt sich die Einwohnerzahl von Arvidsjaur, was für die Gegend ein stattliches Zusatzeinkommen bedeutet, für manche sogar den Hauptlebenserwerb. Der winterliche Spuk begann 1973, als sich drei Schweden eine Piste auf dem Hornavan-See bei Arjeplog einrichteten, um darauf mit ihren Autos umherzuschlittern. Das sah ein zufällig anwesender Opel-Boss und fuhr selbst ein paar Runden. Was als privates Vergnügen begann, hat inzwischen einen ernsthaften Hintergrund: Nahezu die gesamte Autowelt ist in jedem Winter auf den Seen rund um Arjeplog vertreten, um Reifen zu testen und die Bremssysteme zu verbessern. Die Fahrzeugelektronik wird Temperaturen von 30 Grad unter Null ausgesetzt und die Heizungen werden auf Höchstleistung gebracht. Doch nicht nur auf den vom Schnee befreiten Seen, auch auf den normalen Straßen sind die Prototypen unterwegs. Treffpunkt der Auto-Paparazzi ist dann die Tankstelle des Ortes, zu der früher oder später jedes Auto kommen muss. Schließlich kann ein gelungenes Bild eines neuen Modells die Kasse der Fotografen gut füllen. Genau auf den Seen, über die heute die Autotester preschen, herrschte schon früher ein reger Verkehr. Hierüber transportierten die Sámi im Winter das im Fjäll abgebaute Erz Richtung Meer.

BLICK NACH NORWEGEN

Ein paar Kilometer außerhalb von Arjeplog erhebt sich der Galtispuoda. Knapp 800 Meter ist der Berg hoch. An klaren Tagen reicht der Blick bis zum legendären Sarek-Nationalpark, ja sogar bis zur norwegischen Grenze. Im Winter ist der Berg das Eldorado der Skiläufer der Umgebung. Immerhin 270 Höhenmeter gilt es auf den Pisten zu bewältigen. Im Sommer führen etliche schöne Wanderwege auf den Gipfel.

Galtis AB
Storgatan 33
S-930 90 Arjeplog
Tel.: 09 61-1 09 08

Birken prägen die Landschaft im Natio-
nalpark Pieljekaise (oben). Der Norden
Schwedens ist die Domäne des Polar-
fuchses, dessen weißer Pelz erst bei
Schnee gut tarnt (unten). Die herbstliche
Laubfärbung ist auch im Nationalpark
Riebneskaise nur von kurzer Dauer
(rechte Seite unten).

45 Auf dem Silberweg durch die »Pite lappmark«

Üppige Birkenwälder und karge Berge

Von Arjeplog aus steigt der Silvervägen hinauf in das Fjäll. Hier, beiderseits der Grenze nach Norwegen, war damals das Silber gefunden
worden, das dieser Straße ihren Namen gegeben hat. Heute glänzt
die Region vor allem mit ihrer eindrucksvollen Natur.

Naujaure, Uddjaure, Aisjaure: Das klingt ungewohnt und auch gar nicht so richtig Schwedisch. Tatsächlich sind das alles samische Namen für Seen. Und so ist auch klar: Die Strecke auf dem Silvervägen von Arjeplog hinauf ins Fjäll zu den Erzgruben an der norwegischen Grenze führt durch das Land der Ureinwohner des Nordens. Auch wenn auf den Straßen im Norden nichts los ist und die Fahrt durch die unendlichen Wälder sogar meditativ werden kann – Vorsicht ist immer angeraten. In der Dämmerung, aber auch tagsüber. Denn es leben Rentiere und Elche in der Gegend. Und diese Tiere halten sich partout nicht an die Verkehrsregeln. Eine Kollision mit den Vierbeinern ist gefähr-lich und kann für Tier und Mensch töd-lich enden!

Birkenwälder unterm Ohrenberg

Sehr karg ist das Fjäll rund um das Dorf Jutis. Die Landschaft: ein Mosaik aus Seen, Felsen und niedrigen Pflanzen, die hier ein hart umkämpftes Auskommen finden. Es sind Pflanzen wie Heidekräu-ter oder Zwergbirken, die sich kaum über den Boden erheben und so Schutz vor Stürmen finden. Der berühmte Fern-wanderweg Kungsleden kommt bei Jäkkvik von den Bergen des Naturreser-vats Riebneskaise herüber. Er durchquert den Nationalpark Pieljekaise und ist ein idealer Einstieg, um vom Silvervägen in die Tundra Lapplands hinaufzusteigen. Der Nationalpark liegt am östlichen Ende des norwegisch-schwedischen Grenzgebirges. Seinen Namen hat er vom gleichnamigen, 1138 Meter hohen Gipfel, der die gesamte Gegend über-ragt und von dem aus man eine präch-tige Aussicht auf die ursprüngliche Fjäll-Landschaft genießt. Eigenartig ist seine ohrenartige Form, weshalb ihm die Sámi auch den Namen »Ohrenberg« gaben – denn das heißt Pieljekaise. Doch der Weg führt erst einmal durch dichten Bir-kenwald. Diese Baumart ist typisch für diesen Park, der vor 100 Jahren einge-richtet wurde und damit zu den ältesten Schwedens gehört. Die Birke ist – im Gegensatz zu den Alpen – die Baumart, die in Skandinavien die Baumgrenze

bildet. Hier wiegt der Vorteil höher, die Blätter im Winter abzuwerfen, anstatt diese das ganze Jahr über mit Wasser und Nährstoffen versorgen zu müssen. Das frische Grün der Birken prägt das Aussehen der Landschaft im Sommer. Im kurzen Herbst tauchen die sich verfärbenden Blätter die Landschaft in einen Farbrausch. Seltene Tiere wie Bär oder Polarfuchs durchstreifen die Birkenwälder und Wiesen, beäugt vom Königsadler, der am Himmel kreist. Bis auf rund 700 Meter Höhe klettern die Birken in dieser Region des Nationalparks. Darüber stört allerdings kein Baum mehr die prächtige Aussicht auf die weite Fjäll-Landschaft. Auf dem kargen Boden wachsen noch kältetolerante Pflanzen wie die Alpen-Pechnelke oder die Krautige Weide, die wie eine Schlange über den Boden kriecht und somit den langen Winter gut geschützt unter einer Schneedecke übersteht.

Hinunter nach Adolfström

Am westlichen Rand des Nationalparks steigt man auf dem Kungsleden hinab nach Adolfström, einem kleinen Ort im Lais-Tal. In der Nähe befindet sich das Yraft-Delta, das ein reiches Vogelleben beherbergt. Im Dorf selbst gibt es sogar noch Gebäudereste aus der Zeit, als im weiter nordwestlich gelegenen Nasafjäll an der Grenze zu Norwegen Silber abgebaut wurde. Doch das ist lange vorbei. Das Silber Adolfströms schwimmt nun behände durch die Seen und Flüsse der Gegend. Es sind Saiblinge und Forellen, die das Lais-Tal zu einem populären Angelgewässer machen.

SHOPPEN IN ADOLFSTRÖM

In Adolfström hört zwar nicht die Welt auf, aber die Straße. Vom Wendeplatz geht es im Sommer nur noch mit dem Boot oder zu Fuß weiter. Im Winter nimmt man das Schneemobil, um in das weite und einsame Fjäll zu kommen. Vorher sollte man sich aber im »Handelsbod« von Adolfström mit dem Nötigsten eindecken. Wer den Laden betritt, wird eine große Überraschung erleben: Denn hier gibt es einfach alles! Milch und Mehl, Rentierwurst und Schneehuhnfleisch, Angelrouten und Wanderausrüstung. Und jede Menge Dinge, die man mitten im Fjäll nicht erwarten würde. Alte Metallschilder und Quietschenten für die Badewanne zum Beispiel. Es ist ein Ausflug in die Zeit anno dazumal, für den man länger braucht als für den Einkauf im Supermarkt zu Hause.

Adolfströms Handelsbod
Adolfström 168
S-930 93 Laisvall
Tel.: 09 61-2 30 41
info@adolfstrom.com
www.adolfstrom.com

Stora
Lulevatten
▲ 2089 m
Sarektjåkka Gällivare
LAPPLAND
Porjus
46
Jokkmokk
Hornavan
Arjeplog NORRBOTTEN
Storavan
Sorsele Arvidsjaur Luleå
Piteå

46 | Jokkmokk – Treffpunkt der Sámi

Faszination Nordlicht: Mythen & Legenden

Der Faszination Nordlicht mit seinen grünen und roten, über den Himmel tanzenden Lichtern kann sich niemand entziehen. Sehen kann man es jedoch nur in den kalten Winternächten Lapplands. Und wenn Väterchen Frost seine Klauen löst, trifft man sich in Jokkmokk zum Wintermarkt.

Die Tage, an denen die Sonne nicht aufging und lediglich das mystische blaue Licht der Polarnacht die Landschaft erleuchtete, sind nun vorbei. Es ist Februar und die Sonne klettert in Jokkmokk wieder über die schneebedeckten Hügel. Das Leben kehrt trotz frostiger Temperaturen zurück in die kleine Stadt nördlich des Polarkreises. Ein Grund zum Feiern! Und das seit vielen Hundert Jahren.

Markt als Treffpunkt

Der Wintermarkt in Jokkmokk hat eine lange Tradition. Auf Beschluss von König Karl IX. (1550–1611) wurden zu Beginn des 17. Jahrhunderts in ganz Nordschweden feste Kirch- und Marktorte eingerichtet. Für die nomadisch lebende Urbevölkerung des Nordens, die Sámi, war Jokkmokk schon damals ein wichtiges Quartier, in dem sie den langen Winter Lapplands verbrachten. Im Jahr 1605 wurde zum ersten Mal der Wintermarkt veranstaltet, der zu einer regelmäßigen Veranstaltung wurde. Man verkaufte und kaufte Waren, tauschte,

feierte, erzählte sich den neuesten Klatsch. Aber man hielt auch Gericht, schlichtete Streitigkeiten oder sprach Strafen aus. Und für die Vertreter des Staates ging es auch darum, Steuern einzutreiben. Vieles hat sich heute geändert. Doch immer noch ist der Wintermarkt in Jokkmokk eine Veranstaltung, zu der Sámi aus der Region, aber auch aus Norwegen, Finnland und Russland anreisen. Zudem haben Touristen das Fest für sich entdeckt, das vor wenigen Jahren um einen historischen Markt erweitert wurde. Rund 40 000 Besucher sind es, die an den frostigen Wintertagen durch die Gassen des Ortes schlendern und feiern.

Faszination Nordlicht

Nur wenige Kilometer außerhalb von Jokkmokk ist von diesem ganzen Rummel nichts mehr zu merken. Hier findet man die Einsamkeit, die für diese dünn besiedelte Gegend so typisch ist. Keine Straßenlampen stören den magischen blauen Schein, der sich wie ein Mantel über die schneebedeckte Landschaft

Kunstvolle Geschmeide aus Gold und Silber haben bei den Sámi einen hohen Stellenwert (oben). In klaren Winternächten tanzt in Nordschweden oft das Nordlicht über den Himmel (rechte Seite unten).

legt. Und mit etwas Glück sieht man abseits der Orte auch grüne oder rote Lichter über das Firmament tanzen. Man kann das Himmelsphänomen Nordlicht – oder auch Aurora borealis – ganz nüchtern erklären. Es entsteht, wenn die geladenen Teilchen des Sonnenwindes in 100 bis 200 Kilometern Höhe auf die Erdatmosphäre treffen und deren Atome zum Leuchten anregen. Das Magnetfeld der Erde leitet den Teilchenstrom an die Pole, weshalb das Polarlicht nur in höheren Breitengraden jenseits von 60 Grad auftritt.

Walküren und glückliche Kinder

Auch wenn sich dieses Phänomen wissenschaftlich erklären lässt, wirklich fassen kann man es damit nicht. Die Faszination Nordlicht spielt sich vor allem in der Fantasie ab. Und das seit Jahrhunderten. In Mitteleuropa wurde das Polarlicht oft als Unglücksboote gesehen. Die Wikinger fassten es als Hinweis auf eine Schlacht auf, die irgendwo in der Welt geschlagen wurde. Das Licht sollte von der Rüstung der Walküren stammen. Die Sámi verbanden den Lichtertanz mit Tönen, weshalb Nordlicht-Symbole auf den Trommeln ihrer Schamanen zu finden sind. Für andere war es der feurige Atem eins Drachens. Und die Fischer, ganz Zweckoptimisten, sahen darin die Reflexionen des Herings in der Nordsee.

Wenn sich Japaner in Nordlicht-Nächten dezent zurückziehen, hat dies nichts mit Desinteresse an der Natur zu tun. Vielmehr bedeutet es einer japanischen Legende zufolge besonderes Glück, unter der Aurora borealis ein Kind zu zeugen.

EISIGE NÄCHTE

In jedem Winter, wenn das Eis des Flusses Torneälv dicker wird, entsteht an seinem Ufer bei Jukkasjärvi ein fantastisches, wenngleich vergängliches Bauwerk, das »Icehotel«. Die Idee dazu entstand eher aus Zufall. Aus purer Platznot übernachteten 1992 die ersten Gäste in einem einfachen, aus Schnee und Eis gebauten Raum – und berichteten am Morgen danach von einer großartigen Erfahrung. Mittlerweile entstehen aus Tonnen von Schnee und Eis alljährlich um die 60 Räume. Diese werden von Künstlern aus der ganzen Welt gestaltet. Kein Zimmer gleicht dem anderen. Und in der Bar werden sogar die Getränke in Gläser aus Eis eingeschenkt. Trotz Temperaturen knapp unter dem Gefrierpunkt muss aber niemand frieren. Gut eingepackt in einen dicken Schlafsack fällt man in der absoluten Stille im »Icehotel« in einen tiefen Schlummer.

Icehotel
S-981 91 Jukkasjärvi
Tel.: 09 80-6 68 00
info@icehotel.com
www.icehotel.com

47 Sarek & Co – wilde Landschaften

Naturerlebnisse in den nordschwedischen Nationalparks

Grüne Täler und weiße Gletscherkappen. Die Kontraste in den nördlichen Fjällgebieten könnten kaum größer sein. Der Gegend rund um den bekannten Sarek-Nationalpark wurde von der UNESCO der Status eines Weltnaturerbes gegeben. Um diese abgeschiedene Landschaft zu entdecken, steigt man am besten in die Wanderstiefel.

Sarek! Bei diesem Wort wird die Fantasie des Nordland-Enthusiasten angeregt. Kaum einer Region in Skandinavien hat man das Attribut »letzte Wildnis Europas« so oft verliehen wie diesem Nationalpark in Schwedisch-Lappland. Tatsächlich liegt der Sarek weit ab vom Schuss. In den Park fährt man nicht, man läuft. Und genau das macht für viele den Reiz aus.
Zahlen veranschaulichen, was es im Sarek zu entdecken gibt: sechs der 13 höchsten Gipfel Schwedens. Rund hundert Gletscher. Sich ständig wandelnde Flusstäler. Und das alles auf 1970 Quadratkilometern. Ein gewaltiges Stück unberührte Natur – was auch die Raubtiere zu schätzen wissen, die hier leben.

Heimat der Raubtiere

Der Sarek ist das Zuhause der großen Raubtiere Schwedens. Bären durchstreifen das Gebiet. Zeigen wird sich Meister Petz aber höchstwahrscheinlich nicht, da seine feinen Sinnesorgane ihn frühzeitig vor der Anwesenheit von Menschen warnen. Gleichwohl kann man hin und wieder Fußabdrücke der Bären sehen oder auch ihre charakteristischen Kratzspuren an den Bäumen. Neben dem Luchs streicht auch der Vielfraß durch den Park. Bei den Sámi ist das bis zu einen Meter große Tier gefürchtet, weil es Rentiere vor allem im Winter als willkommene Beute betrachtet. Sein Vorteil: Der Vielfraß sinkt kaum in die Schneedecke ein und kann sich im Vergleich zu den größeren Vierbeinern recht flink bewegen. Wanderer werden das scheue, eher nachtaktive Tier jedoch kaum sehen. Schon eher zeigt sich der Elch. Eine gute Chance, die bisweilen etwas trottelig durch die Landschaft stolzierenden Tiere zu sehen, hat man in den Flusstälern. Hier grünt und blüht es im Sommer und die Tiere finden reiche Nahrung. Ganz anders ist das an den steilen Hängen, wo lediglich ein paar Kräuter und Birken wachsen. Weiter oben gibt es dann sogar nur noch äußerst genügsame Moose, Flechten und ein paar an die Höhe besonders angepasste Pflanzen wie den Gletscher-Hahnenfuß.

Schon wenige kalte Nächte genügen, um das Grün aus den Blättern zu treiben (oben). Abgelegene Orte wie der Akkajaure sind oft nur auf Schotterpisten zu erreichen (unten). Felsen stellen für das Wasser des Njatsosjakka kein Hindernis dar (rechte Seite oben). Bei Kvikkjokk schweift der Blick in die Wildnis des Sarek-Nationalparks (rechte Seite unten).

Wasser-Wirrwarr

Das bekannteste Ziel im Sarek ist das Rapadalen. Dieses nach Osten verlaufende Tal fasziniert mit einem Wirrwarr aus gewundenen Kanälen und Lagunen. Üppig ist die Ufervegetation, die in den unterschiedlichsten Grüntönen erstrahlt und überwiegend von Weiden gebildet wird. Im Delta am See Laitaure sammeln sich im Frühling und Herbst die Singschwäne für ihren gemeinsamen Flug. Die anderen Täler des Sareks sind bei Weitem nicht so grün wie das Rapadalen. Das gilt natürlich noch viel mehr für die Gipfel, die ihr Haupt mit einer weißen Kappe aus Schnee und Eis schützen. Der südlich des Sarek am See Saggat gelegene Parkplatz von Kvikkjokk, den man auf der Straße von Jokkmokk her erreicht, ist für viele der Ausgangspunkt für eine Tour in den Nationalpark. Im Norden kann man sich mit dem Boot von Ritsem über den Stausee Akkajaure bringen lassen. In jedem Fall aber gilt: Eine Tour durch den Nationalpark ist kein Spaziergang und nur erfahrenen Wanderern vorbehalten. Während eines Tages kann man im Extremfall alle vier Jahreszeiten erleben. Und das heißt, dass Schneefall auch im Sommer möglich ist. Schutzhütten gibt es nur am Rand des Parks, sodass ein Zelt mit in den Rucksack gehört. Etliche Flüsse durchziehen das Gebiet, aber nur an wenigen Stellen sind Brücken, sodass des Öfteren durch das eiskalte Wasser gewatet werden muss. Markierte Wege sucht man ohnehin vergebens, findet allerdings Trampelpfade an den Hauptrouten. Trotzdem: Wer in der Hauptsaison die Einsamkeit sucht, sollte sich ein anderes Wandergebiet mit weniger imposantem Namen aussuchen. Der Mythos Sarek zieht die Menschen an! Und das zu Recht.

Göttin der Schönheit

Eine gute, ganz in der Nähe liegende Alternative ist ein weiterer Nationalpark: Stora Sjöfallet. Der »große See-Fall« liegt unmittelbar nördlich des Sarek und wird durch zwei Dinge dominiert. Da ist zum einen der lang gestreckte Akkajaure und zum anderen der Berg Akka – und der

Tiefblau leuchtet das Wasser des Saggat in der Morgensonne (oben). Elche knabbern gern an den jungen Trieben von Bäumen (Mitte). Wanderer können mit Booten über die Bergseen wie den Akkajaure übersetzen (unten). Bald wird dieser See im Nationalpark Stora Sjöfallet mit Eis bedeckt sein (rechts).

146

gilt als »Lapplands Königin«, eine steinerne Majestät, die sich bei ruhigem Wetter im Wasser des Akkajaure spiegelt. Genau 2016 Meter erhebt sich der Hauptgipfel über das Meer und 1563 Meter über den Wasserspiegel des Sees. Der Name Akka ist samischer Herkunft, bedeutet »alte Frau« und verweist auf die Göttin der Klugheit und Schönheit. Borgtoppen heißt der zweithöchste Gipfel des Massivs. Er erinnert an den Fjällfotografen Borg Emil Ragnar Mesch (1869–1956), der sich mit Bildern über Mensch und Natur in Schwedisch-Lappland einen Namen gemacht hat. Seit 1910 ist Stora Sjöfallet ein Nationalpark. Wobei nach wie vor diskutiert wird, wie es um diesen Schutz steht. Denn 1919 wurde am östlichen Ende des Sees ein Staudamm errichtet, sodass aus dem einst zu den schönsten Wasserfällen Europas gehörenden gewaltigen »Sjöfallet« ein Rinnsal wurde, das nur während der Schneeschmelze das einstige Naturschauspiel erahnen lässt. Daher wurde der See mit seinem Ufer aus dem Schutzgebiet herausgenom-

men. Dennoch bekommen Wanderer im Stora Sjöfallet eine ungeheure Vielfalt zu sehen, die den Sarek sogar noch übertrifft. Bei Vietas läuft man zwischen alten Kiefern hindurch, am Nordrand des Parks im Tal Teusadalen wachsen leuchtend grüne Fjällbirken, der Boden ist bedeckt von Stauden wie Eisenhut. Sogar der seltene Arktische Mohn mit seinen gelben Blüten wächst hier. Am Himmel ziehen gelegentlich Stein- und Seeadler ihre Kreise. Mit Glück kann auch der Gerfalke bei der Jagd beobachtet werden. Zudem ist Stora Sjöfallet wesentlich leichter zugänglich als der Sarek, da entlang des Sees eine Straße verläuft. Daher sind auch Tagestouren möglich.

Seen und Moore
Ebenso wie Sarek und Stora Sjöfallet gehören der Nationalpark Padjelanta an der Grenze zu Norwegen sowie das Naturreservat Sjaunja zum Weltnaturerbe Laponia. Ersterer zählt mit seiner reichen Blumenpracht und den großen Seen zu den schönsten Fjällgebieten Schwedens, und die Gipfel sind hier längst nicht so schroff wie im östlich gelegenen Sarek. Das Naturreservat Sjaunja östlich des Akkajaure ist wesentlich unbekannter als Sarek & Co. Und das zu Unrecht. In Schweden gibt es kaum eine Region mit einer reicheren Fauna. Hier brüten mehr als 150 verschiedene Vogelarten, 25 Säugetierarten durchstreifen die Wälder und das Fjäll. Zudem ist Sjaunja das größte zusammenhängende Moorgebiet Nordeuropas. Besucht wird das Naturreservat jedoch eher mit dem Kanu, denn Wege gibt es in dieser Gegend kaum.

MYTHOS KUNGSLEDEN

Der Kungsleden – zu Deutsch der Königs-Weg – ist das Traumziel eines jeden Nordland-Wanderers. Die faszinierende und abwechslungsreiche Landschaft mit grünen Tälern, kargen Pässen und schneebedeckten Gipfeln lässt keinen Wunsch offen. Rentiere sieht man mit einiger Sicherheit, mit viel Glück sogar einen Bären oder einen Luchs. Der 350 Kilometer lange Südteil führt von Sälen nach Storlien. Der erheblich populärere Nordteil verläuft auf einer Strecke von 440 Kilometern von Abisko nach Hemavan. Übernachtet werden kann in Hütten oder Fjällhotels, die sich zumeist im Abstand einer Tagesetappe an der Strecke befinden. Gleichwohl sind eine gute Ausrüstung und Wandererfahrung nötig, schließlich ist man in einer abgelegenen, wilden Landschaft unterwegs. Auskünfte für Wanderer erteilt die:

Svenska Turistföreningen
Box 17251
S-104 62 Stockholm
Tel.: 08-4 63 21 00
www.svenskaturistforeningen.se

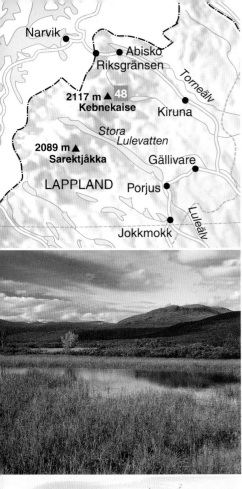

48 Kebnekaise – Bergmassiv mit magischer Anziehungskraft

Wandern zwischen Schwedens höchsten Gipfeln

Nirgendwo ist die schwedische Gebirgswelt höher als am Kebnekaise. Genau 2104 Meter hoch war im Jahr 2008 sein Südgipfel, den man sogar ohne Kletterausrüstung erreicht. Wer sich diesen Anstieg nicht zutraut, findet auch rund um die Kebnekaise-Fjällstation lohnende Wanderziele.

Sobald im Fjäll in den Nächten die Temperaturen unter den Gefrierpunkt sinken, kühlen die Seen schnell ab (oben). Auch das Birkenlaub zeigt für wenige Wochen seine goldene Herbstfärbung (unten).

Ein Dreieck aus Tälern, in dessen Zentrum sich die Berge bis auf 2104 Meter erheben. Das ist das Kebnekaise-Massiv im Norden Schwedens. Giebnegáisi, Kesselkamm heißt der Berg bei den Sámi. Und damit wird die Form der Gipfel genau getroffen. Wie ein auf dem Kopf stehendes U sieht der Kebnekaise aus. Das Bergmassiv ist durch das Wirken der Gletscher geprägt. Schon allein die Täler sind mit ihrer typischen U-Form ein Zeichen dafür, dass das Eis seine enormen Kräfte hat wirken lassen. Die Steinwälle der End- und Seitenmoränen an den Hängen und in den Ebenen lassen erkennen, bis wohin einst die Gletscherzungen reichten. Eines ist dabei eindeutig: Das Eis zieht sich wie in den Alpen auch am Kebnekaise zurück. Nirgendwo in Schweden gibt es so viele Gletscher wie hier am Kebnekaise-Massiv. Rund 50 sind es, die auch im Sommer manchmal funkelnd und blendend, manchmal schmutzig-braun an den Hängen und in den Trögen liegen. Und

nicht zu vergessen: Auch der Südgipfel des Berges ist vergletschert. Noch vor hundert Jahren maß er 2121 Meter. Dass er jetzt ganze 17 Meter niedriger ist, liegt daran, dass ein großer Teil seiner Eishaube ins Tal geflossen ist. Und wer weiß, vielleicht wird er in einigen Jahren auf das Niveau des nicht vergletscherten Nordgipfels abgeschmolzen sein. Der ist 2097 Meter hoch. Berühmt sind die hängenden Gletscher des Massivs, die vor allem die Gipfelflanken bedecken. Das Wechselspiel aus Regen und Wind, aus Sonne und Schnee, aus Bewegung und Stocken schafft eine ungeheure Formenvielfalt, die die Fantasie anregt. Doch sollte man den Eistürmen nicht zu nahe kommen – sie können ohne Vorwarnung zerbrechen. Aber nicht nur das Eis schafft am Kebnekaise fantastische Gebilde. Auch so manche Felsformation gaukelt dem geistigen Auge des Betrachters unwirkliche Eindrücke vor – der Drakryggen zum Beispiel, ein Bergkamm nördlich des Haupt-

gipfels. Er verdankt den Namen »Drachenrücken« seinem langen Zackengrat und den zerfurchten Bergflanken. Rund 90 Prozent des gesamten Gebiets sind Kahlfjäll. Doch das bedeutet nicht, am Kebnekaise durch eine unbelebte Landschaft zu wandern. Nur sind Tiere und Pflanzen schwieriger zu entdecken. Klar, eine vorbeilaufende Rentierherde ist trotz der guten Tarnung der Tiere kaum übersehbar. Aber viele Pflanzen ziehen sich in den Schutz von Steinen und Felsen zurück. Der Gletscher-Hahnenfuß zum Beispiel – eine Pflanze, die noch dort zu finden ist, wo die Konkurrenz schon längst nicht mehr wachsen kann. Er erträgt nicht nur extreme Kälte, indem er Zucker als Gefrierschutz in seinen Zellen speichert, sondern kommt auch mit der extremen Trockenheit zurecht. Denn wie soll eine Pflanze Was-

ser bekommen, wenn die Umgebung über viele Wochen und sogar Monate tiefgefroren ist?

Der Berg ruft!

Man muss kein Bergsteiger sein, um dieser fantastischen Gebirgswelt näher zu kommen. Von Nikkaluokta, einer kleinen Sámi-Siedlung am Ende der von Kiruna ins Fjäll führenden Straße, führt ein Wanderweg bis zur Kebnekaise-Fjällstation. Allerdings: Der Pfad ist zwar technisch nicht anspruchsvoll, fordert aber eine gute Kondition, um die 20 Kilometer lange Strecke zu bewältigen. Wer die bequemere Variante bevorzugt, kann sich mit einem Boot über den Gletschersee Láddjujavrí bringen lassen und dabei einige Kilometer sparen. Die Kebnekaise-Fjällstation ist ein idealer Ausgangspunkt für Bergtouren in der Umgebung. Das

Fels und Eis formen die Gipfelregion des höchsten schwedischen Berges, des 2104 Meter hohen Kebnekaise (links). Im Spätsommer gibt es an den Seen (oben, Paittasjärvi) weniger Mücken, dafür in den Wäldern mehr Blaubeeren (Mitte). Spezialisten wie der Steinbrech blühen auch im Fjäll (unten).

Die steilen Felswände des Kebnekaise-Massivs (oben) sind genauso beeindruckend wie die zu Tal rauschenden Gebirgsflüsse (Mitte). Langsam wachsende Krustenflechten sind schöne Farbtupfer auf den Felsen (unten). Die Zunge des Kebnepakte-Gletschers reicht bis zum Tarfala-See (rechts).

Berghotel bietet allen Luxus, den man in dieser Abgeschiedenheit erhoffen kann: Gutes Essen, ein prasselndes Kaminfeuer, eine Sauna und weiche Betten. Wanderer brechen von hier aus in Richtung Singi auf, einer Hüttensiedlung an einem Bach im Nachbartal, der von den Sámi den nahezu unaussprechlichen Namen Tjäktjajåkka bekommen hat. Hier verläuft auch der berühmte Kungsleden in Richtung Abisko.

Oder sie nehmen sich den Kebnekaise-Gipfel vor. Zwei Möglichkeiten gibt es dafür. Die leichtere Variante ist der Westweg (Västra Leden), der ausschließlich über steinige Hänge und über den Vorgipfel Vieranvarri zur vergletscherten Gipfelpyramide führt. Je nach Kondition werden dafür fünf bis sieben Stunden benötigt. Auf dem Ostweg (Östra Leden) ist an einigen Stellen Klettern angesagt, weshalb dieser Aufstieg nur erfahrenen und schwindelfreien Bergsteigern zu empfehlen ist. Wer ein solches Abenteuer sucht, kann sich auch an der Kebnekaise-Fjällstation einem Bergführer anschließen. Auf dem Gipfel wird man bei gutem Wetter mit einer fantastischen Aussicht belohnt. Fast ein Zehntel der schwedischen Fläche liegt einem hier zu Füßen!

In den Tarfala-Kessel

Eine gute Alternative ist die Tour zur Tarfala-Hütte. Keine luftigen Passagen gilt es dabei zu überwinden. Allerdings sollte man trittsicher sein, da der Weg an einigen Stellen über grobe Steinblöcke führt. Erst am Hang entlang, dann durch ein tiefes Tal verläuft der Weg. Ein Bach führt das Werk der Gletscher fort, die sich während der Eiszeit tief in das

Gestein gefräst haben. Das Tal weitet sich, noch eine Wegbiegung, dann wird der Blick frei auf die Gipfel des Kebnekaise. Atemberaubend. Felsen und Gletscher bauen eine Landschaft auf, die begeistert. Mit etwas Glück sind auch noch Königsadler am Himmel zu sehen. Noch ein paar Kilometer sind es nun an den Häusern der glaziologischen Forschungsstation vorbei bis zur Tarfala-Hütte. Die steht inmitten einer Steinwüste auf einem Felsplateau. Vor ihr breitet sich der smaragdgrüne See Tarfa-

lajaure aus, in den der Kebnepakte-Gletscher seine Nord-Zunge streckt. Und darüber der Kaskasapakte und der Kaskasatjakka, deren Gipfel die 2000 Meter ebenfalls überschreiten, sowie der Isfall-Gletscher. Ein unvergesslicher Anblick! Aber egal, um welche Route es geht: An den Aufstieg sollte man sich nur bei sicherem Wetter machen. Wobei das so eine Sache ist. In kaum einer anderen schwedischen Region ist das Wetter so unbeständig wie rund um die Gipfel des Grenzgebirges zu Schweden. Bei Tarfala

wurden die höchsten Windgeschwindigkeiten aufgezeichnet, die jemals in Schweden gemessen wurden: 81 Meter pro Sekunde – das sind knapp 300 Stundenkilometer!

Nikkaluokta dagegen ist bekannt als Kälteloch, wo die Quecksilbersäule schon einmal auf unter minus 40 Grad Celsius fallen kann. Das heißt aber auch: Wer seine Tour bei Regen an der Kebnekaise-Fjällstation startet, kann darauf hoffen, im benachbarten Tal Singi im Sonnenschein zu wandern.

ABGEHOBEN

Nikkaluokta ist ein idealer Ausgangspunkt für die Wanderung zum Kebnekaise. Wer sich einen stundenlangen Marsch nicht zutraut oder einen Blick aus der Luft auf das schwedische Fjäll mit seinen höchsten Gipfeln werfen will, kann sich an den Helikopterflugservice in Nikkaluokta wenden. Hier werden regelmäßig Flüge zur Kebnekaise-Fjällstation angeboten, aber auch Rundflüge durch die Täler und über die Gipfel Lapplands.

Nikkaluokta Sarri AB
Nikkaluokta 1104
S-981 99 Kiruna
Tel.: 09 80-5 50 15
nikka.sarri@telia.com
www.nikkaluokta.com

49 Kiruna – die nördlichste Stadt Schwedens

Herbstlicher Farbenrausch im Fjäll

Es ist die Natur, die im Norden Schwedens begeistert. Geld wird jedoch nicht nur mit dem Tourismus verdient, sondern vor allem mit dem Bergbau. Und der beeinflusst eine ganze Landschaft.

Wölfe, Luchse und Bären streifen auf der Jagd nach Essbarem durch die Wälder und Moore rund um den Berg Kiirunavaara. Immer beäugt von den Sámi, die über ihre Rentierherden wachen. Doch dann, Ende des 19. Jahrhunderts, ändert sich das Bild: Erz wird in dieser nahezu menschenleeren Weite gefunden. Und Eisen ist der Rohstoff, den die fortschreitende Industrialisierung dringend braucht. Also wird eine Stadt aus dem kargen Boden gestampft, eine Eisenbahnlinie durch das unwirtliche Gebirge bis nach Narvik gebaut. Irgendwo muss schließlich das Eisenerz hingebracht werden. Immer tiefer wurde die Tagebau-Grube, in der der wertvolle Rohstoff lagert. In den 50er-Jahren des vergangenen Jahrhunderts begannen die Minenarbeiter, das Erz unterirdisch abzubauen. Mittlerweile holt man den Rohstoff aus einer Tiefe von mehr als 1000 Metern unter der Spitze des Berges hervor.

Eine Stadt zieht um

Doch die erzhaltige Gesteinsschicht fällt in einem Winkel von 60 Grad schräg in die Tiefe ab – und damit unter die damals gegründete Stadt Kiruna. Und genau da liegt das Problem. Zwar füllt man die Hohlräume mit wertlosem Abraum auf, aber Risse gibt es trotzdem – bis hinauf zur Oberfläche. Diese Deformationszone kommt der Stadt und damit den Häusern, Kabeln und Leitungen, den Straßen und der Eisbahnlinie immer näher. Also den Erzbergbau einstellen? Das scheint für niemanden eine Alternative zu sein. Folglich wird die Stadt innerhalb der nächsten Jahrzehnte umziehen. Das neue Zentrum Kirunas, was in der Sámi-Sprache Schneehuhn bedeutet, soll im Nordwesten der heutigen Stadt entstehen. Vielleicht wird auch das Rathaus dort wieder aufgebaut. Die Risse im Boden werden das 1964 zum schönsten Gebäude Schwedens gekürte, heute etwas klotzig wirkende Haus vermutlich um 2020 erreichen. Schon vorher soll das Domizil des ersten Chefs der Mine, Hjalmar Lundbohm, an einen neuen Platz versetzt werden. Denn allzu viele historische Gebäude gibt es in der Stadt nicht, weshalb man diese Teile der Geschichte für

Die von Gletschern geschaffene »Lappenpforte« gilt den Sámi als heilig (linke Seite oben). Der Torneträsk gehört zu den größten Seen des Landes (linke Seite unten).
Die Vegetation am Abiskojaure ist ungewöhnlich üppig (oben). Auch die Kirche von Kiruna muss wegen des Bergbaus umziehen (unten).

153

die Nachwelt erhalten will. Als Vorbild sollen die über einhundert Jahre alten Ideen Lundbohms dienen. Dieser hatte dafür gesorgt, dass die Stadt am Hang und nicht in der kühleren Ebene gebaut wurde und die Straßen nicht wie damals üblich in einem rechtwinkligen Gitter angelegt wurden, sondern sich an der Windrichtung und anderen natürlichen Faktoren ausrichteten.

Eisenbahnfahrt ins Gebirge

Alles deutet darauf hin, dass auch in den kommenden Jahrzehnten die Erzzüge von Kiruna aus in Richtung Westen fahren. Zuerst über eine flache, von Seen und Bächen durchsetzte Landschaft. Dann am Ufer des Sees Torneträsk hinein ins Fjäll. Seit 1903 gibt es

diese Verbindung zwischen Luleå am Bottnischen Meerbusen und dem norwegischen Narvik. Gebaut wurde sie unter schier unendlichen Mühen, um das Erz aus den Gruben von Kiruna in den ganzjährig eisfreien Hafen von Narvik zu bringen. Bevor die Züge den letzten steilen Anstieg nach Riksgränsen hinauffahren, stoppen zumindest die Personenzüge am Bahnhof von Abisko. Ausgeladen werden hier im Winter Skier und Stöcke, im Sommer Rucksäcke und Wanderschuhe. Denn die kleine Siedlung hat bei Naturfreunden einen hervorragenden Ruf.

Farbenrausch in Abisko

Meereswald – das bedeutet der Name Abisko in der Sprache der Sámi. Und in

Bei schönem Wetter glänzen die Tropfen des Silverfallet bei Kopparsen silbern im Sonnenschein (oben). Wölfe fühlen sich im schwedischen Fjäll mittlerweile wieder heimisch (unten). Rauschend strömen Bäche wie der Gatterjohka durch die Täler (rechts). Im Fjäll wachsen sogar Orchideen (rechte Seite oben).

der Tat: Birken wiegen sich im Wind am Ufer des Torneträsk. Das ist zwar kein Meer, nichtsdestotrotz aber der immerhin siebtgrößte See des Landes. Wanderer bekommen beim Namen Abisko leuchtende Augen. Annähernd 1200 Meter hoch sind die Berge in diesem bereits 1909 eingerichteten Nationalpark. Bei diesem Breitegrad – Abisko liegt 200 Kilometer nördlich des Polarkreises – sind weite Teile des Gebietes baumfrei. Unten im Tal jedoch, wo der Abisko-Bach in einem tief eingeschnittenen Tal in Richtung Torneträsk rauscht, da finden Pflanzenfreunde eine überraschend vielfältige Vegetation. Der für Schweden eher seltene kalkhaltige Untergrund versorgt die Gewächse mit wichtigen Nährstoffen. Sogar Orchideen findet man hier. Auch Kiefern mit dicken Stämmen, die sich vor 6000 Jahren während einer Warmzeit hier angesiedelt haben und die aufgrund des nun kälteren Klimas nur noch alle 30 Jahre Samen bilden. Wer genau hinschaut, entdeckt auf dem Berg Nuolja Muster im Boden. Diese sogenannten Polygonböden entstehen, wenn der Erdboden auftaut und immer wieder gefriert, wodurch Steine und Erde umgelagert werden. Weit hinten im Tal liegt der Abiskojaure, ein hübscher Bergsee, auf dessen Wasser sich Birken und die Gipfel des umliegenden Fjälls spiegeln.

Hin und wieder schwimmen Pfeif- oder Reiherenten auf der Suche nach Nahrung über den See. Auch Elche sind am Ufer mit etwas zu Glück sehen. Besonders prachtvoll präsentiert sich das Tal des Torneträsk nach einem kurzen, aber intensiven Sommer im Herbst. Quasi über Nacht verlieren die Birken ihre grüne Färbung und tauchen ein in einen nahezu magischen Farbenrausch. Ruska wird diese Herbstphase hier genannt, die Ende August beginnt. Für einige Tage verwandelt sich dann das Fjäll in ein Meer aus Rot und Gelb, das in der Herbstsonne leuchtet. Die gelben Birkenblätter erscheinen nahezu golden, während die Blaubeersträucher am Boden einen intensiv roten Kontrast setzen. Es scheint, als wolle die Natur noch einmal zum Höhepunkt auflaufen. Doch der Winter kommt früh und schnell. Dann wird Schwedisch-Lappland zu einer grafischen Landschaft, in der das Weiß die Oberhand gewinnt.

Blick zur Lappenpforte

Schaut man von Abisko aus in Richtung Osten, so fällt eine markante Bergformation auf: die Lapporten. Zigmal hat man sie möglicherweise schon auf Fotos gesehen, doch in natura sieht dieser fein herausgearbeitete, glatte U-förmige Einschnitt zwischen dem 1554 Meter hohen Tjuonattjåkka und dem 1738 Meter hohen Nissuntjårro noch beeindruckender aus. Uonjávággi nennen die Sámi diese eindrucksvolle Gebirgsformation, was übersetzt Gänsetal heißt. Die Kraft des Eises hat dieses Trogtal geschaffen, das auch für Botaniker interessant ist. Der kalkreiche Untergrund lässt Pflanzen gedeihen, die es im umgebenden Fjäll nicht gibt. Eine zu den Nelkengewächsen gehörende Sternmierenart, der Arktische Mohn oder der Grönländische Porst, ein Zwergstrauch mit schönen weißen Blüten und derben Blättern. Allesamt sind sie Überlebenskünstler, die in einem frostigen Klima ihr Auskommen haben.

GIPFEL IM LICHT DER MITTERNACHTSSONNE

Auf den 1169 Meter hohen Berg Nuolja kann man wandern. Man kann sich aber auch für die bequemere Variante entscheiden und mit dem Sessellift von Abisko aus nach oben schweben. Bei einem Kaffee oder einem Imbiss genießt man im Panoramarestaurant eine atemberaubende Aussicht auf den Torneträsk und das umliegende Fjäll. Ein unvergessliches Erlebnis ist es, im Schein der Mitternachtssonne auf dem Gipfel zu sitzen. Zwischen Mitte Juni und Mitte Juli ist der Sessellift auch nachts in Betrieb. Dann hat sogar das Restaurant geöffnet.

50 Riksgränsen – Paradies für Skifahrer und Wanderer

Erzbahngleise und Wanderpfade in der Grenzregion

Bis in die 1920er-Jahre hinein war die kleine Siedlung Riksgränsen eine der wichtigsten Stationen der Erzbahn, die den wertvollen Rohstoff seit rund hundert Jahren von Kiruna nach Narvik befördert. Heute ist das Gebiet ein beliebtes Touristenziel für Wintersportler und Wanderfreudige.

Am Fluss entlang (unten) geht es durch Weidengesträuch hinauf zum See Katterjaure (oben). Dabei fällt der Blick immer wieder zu den heiligen Samenbergen (rechte Seite unten und oben).

Die schwer beladenen Züge der Erzbahn kommen auf ihrer Fahrt Richtung Norwegen mächtig ins Schnaufen. Vom Tal des Sees Torneträsk gilt es, die letzte Hürde nach Norwegen zu nehmen. Ganze 200 Höhenmeter müssen sie mit ihrer schweren Last bis hinauf nach Riksgränsen überwinden. Eine Station auf diesem Weg ist Vassijaure, ein alter Bahnhof, der in dieser einsamen Gegend ein wenig zu groß geraten scheint. Doch der Haltepunkt war einst die Grenzstation der Bahn und hatte eine entsprechend wichtige Funktion. Zudem wechselten hier früher die Lokführer die Züge. Auf der beeindruckenden Gefällstrecke vom Scheitelpunkt des Passes an der Landesgrenze hinunter nach Narvik am Atlantik stand norwegisches Personal im Führerstand der Lokomotiven. Gut 515 Meter über dem Meer ist man hier hoch. Gefühlt sind diese jedoch mindestens 2000 Meter mehr. Denn allenfalls noch ein paar Birken recken hier ihre Blätter in die frische Luft.

Ehemalige Grenzstation

Vassijaure ist ein guter Ausgangspunkt für Wanderungen. Eine Tagestour führt zum Rissajaure, der Europas klarster Binnensee sein soll. In zu erwandernder Nähe befindet sich zudem die 1150 Meter über dem Meer gelegene Låktatjåkka, Schwedens höchstgelegene Touristenstation, in der übernachtet und gegessen werden kann. Hinter Vassijaure erreicht die Bahn das Hochgebirge. Weite Teile der Strecke sind durch Galerien vor den Schneemassen und Lawinen geschützt. Schon nach wenigen Kilometern wird der nächste Haltepunkt erreicht. Katterjokk ist eine Haltestelle der Erzbahn und war früher ein Lager der Arbeiter, die die Bahnlinie bauten. Anfang des 20. Jahrhunderts war hier am See Vassijaure sogar einmal eine naturwissenschaftliche Forschungsstation untergebracht. Und das in einer Gegend, die erst zwischen 1870 und 1880 kartiert wurde! Die Wetterbeobachtungen der Meteorologen halfen,

das Klima im Norden Schwedens besser zu verstehen. Das Haus jedoch brannte schon bald nieder und die Wetterkundler siedelten nach Abisko um. Gleichwohl ist an der Anwesenheit der Wissenschaftler zu erkennen, dass die Natur hier kurz vor der norwegischen Grenze eine interessante sein muss. Ein Grund, um aus der Bahn auszusteigen und die wenigen Kilometer bis hinauf nach Riksgränsen zu laufen. Aber nicht neben der Bahnlinie oder der parallel verlaufenden Europastraße 10, sondern auf Wanderpfaden mit einem Umweg zu den heiligen Sámibergen.

Wanderung zu den heiligen Sámibergen

An einem der unzähligen, über die Felsen springenden Bäche entlang führt der Pfad gemächlich ansteigend in Richtung eines Taleinschnitts. Ein Vogel fliegt zeternd aus einem der Büsche am Ufer. Noch ein paar Meter, dann steht man am See Katterjaure. Das Rauschen des Gebirgsbachs, das bis hierher ein fester Begleiter war, verstummt und man hat das Gefühl, an einer fast schon magischen Stelle zu sein. Kein Laut dringt in diesen Kessel, dessen Grund vom Wasser des Bergsees bedeckt wird. Hier sind sie, die heiligen Berge der Sámi! Die Ureinwohner Lapplands glaubten, dass bestimmte Tiere und Orte in der Natur ihre besonderen Schutzwesen hatten. So siedelten sich die Götter, die beispielsweise für Wind und Wetter oder Rentiere und Jagdglück zuständig waren, in den diversen Landschaftsformationen an. Und der Katterjaure mit den umge-

METEOROLOGEN MIT STIL

»Meteorologen« ist das älteste Gebäude von Riksgränsen. Vor gut einhundert Jahren wachten dort die Zöllner mit scharfem Blick über die Grenze nach Norwegen. Später zogen die Wetterfrösche des schwedischen Wetterdienstes ein – woher das Gebäude seinen Namen hat. Heute ist das »Meteorologen« ein kleines, sehr feines Hotel mit viel Stil und dem Charme von früher und auch einem großen Weinkeller. Es gehört zum »Hotell Riksgränsen«.

Hotell Riksgränsen
Riksgränsenvägen 15
S-981 94 Riksgränsen
Tel.: 09 80-4 00 80
fjallbokning@stromma.se
www.stromma.se/en/Riksgransen

Beeren sind auf Wanderungen eine leckere Zwischenmahlzeit (oben). Die Gletscher haben die Fjällspitzen abgehobelt und runde Formen hinterlassen (Mitte). Kleine Hütten sind ein ideales Quartier für eine Nacht an einem Gebirgssee (unten). Nordlichter erhellen die lange Winternacht (rechte Seite).

benden Bergen war eben ein solcher Platz. Immer neue Perspektiven eröffnet die Runde um den See. Es geht über Felsen und Geröllhalden, sumpfige Wiesen mit Wollgras und bunten Blumen, über kleine Bäche, an deren Rand dicke Moospolster wachsen. Und es geht über die Grenze. Denn mitten durch das Gewässer verläuft die Trennlinie zwischen Schweden und Norwegen, die in einer solchen Umgebung völlig ihre Bedeutung verliert – und doch Pate steht für den Namen einer Touristenstation, zu der ein Pfad vom Katterjaure aus führt.

Schuften für die Erzbahn

Der Grenzort Riksgränsen liegt rund 500 Meter über dem Meeresspiegel. Riksgränsen – das bedeutet schlicht und einfach Reichsgrenze. Riksgränsen ist eine kleine Siedlung und annähernd der höchste Punkt an der Eisenbahnlinie zwischen dem schwedischen Kiruna und dem norwegischen Narvik. Unter kaum vorstellbaren Bedingungen wurde vor über einhundert Jahren die Strecke gebaut, um das schwedische Erz zu dem ganzjährig eisfreien Hafen an der norwegischen Küste zu bringen. Der damalige König von Schweden, Oskar II., eröffnete am 14. Juli 1903 das Gleisstück. Gerade einmal fünf Jahre benötigten die Bauarbeiter, um die 128 Kilometer lange Zugverbindung zu bauen. Bis zu 5000 Männer waren damals im Einsatz, um das Gleisbett vorzubereiten und die Schienen zu verlegen. Anfangs waren es Dampfloks, die Waggons mit jeweils 25 Tonnen Erzladung auf den kargen und schroffen Pass hinaufzogen. Später wuchteten Lokomotiven 52 jeweils 100

Tonnen schwere Waggons hinauf nach Riksgränsen. Aktuell werden an 10 800-kW-Doppelloks 68 Waggons gehängt, sodass jeder der 700 Meter langen Züge mitsamt Ladung ein Gewicht von über 8000 Tonen auf die Waage bringt.
Einst war Riksgränsen die wichtigste Station für das Zugpersonal und die Maschinen. Doch davon sind nur noch ein paar Reste übrig. In den 20er-Jahren des letzten Jahrhunderts verlor Riksgränsen seine Bedeutung für die Erzbahn – zu oft lag zu viel Schnee für einen reibungslosen Betrieb.

Ski- und Wanderparadies Riksgränsen

Was den Eisenbahnern missfiel, freut heute die Wintersportler. Besonders bei Freeridern genießen die baumfreien Hänge einen hervorragenden Ruf. Riksgränsen ist der nördlichste Skiort der Welt. Erst im Februar gehen in dem Fjällort die Lifte in Betrieb: Im Dezember und Januar ist es einfach zu kalt und zu dunkel. Doch dafür ist die Saison lang. Oft kann man hier bis Mittsommer durch den Schnee pflügen. Dann kommt es zur Begegnung zwischen den letzten Skifahrern und den ersten Wanderern der Saison.
Ein fantastisches Erlebnis ist es, im Sommer nach einem guten Abendessen im Restaurant von Riksgränsen auf einen der umliegenden Gipfel zu steigen. Die Sonne geht jetzt nicht mehr unter. Sie scheint vielmehr über die Fjällgipfel im Norden zu springen, um dann langsam in einem weiten Bogen wieder nach oben zu steigen. Die skandinavische Sommernacht ist eben eine besondere Zeit! Schlafen kann man zu Hause.

Die untergehende Sonne zaubert fantastische Lichtstimmungen an den Himmel wie
hier am Torneträsk in Nordschweden.

Register

Auch der Kopfschmuck der Sámi verändert sich mit der Mode (oben). Alpen-Pechnelken sind willkommene Farbtupfer im Fjäll (Mitte). Rentiere waren die Lebensgrundlage der Sámi (unten).

Ein Gewitter zieht am Bjurälven auf (oben). Hunde jaulen in Vorfreude auf die bevorstehende Schlittentour (Mitte). Blaubeeren sind leckere Vitaminspender (unten).

Sommer in Schweden bedeutet duftende Rapsfelder (oben), blühende Mohnblumen (Mitte) und fröhliche Menschen (unten).

Impressum

Unser Gesamtverzeichnis finden Sie unter: www.bruckmann.de

Produktmanagement: Joachim Hellmuth, Susanne Kuhl
Textlektorat: Claudia Rothkamp, Bonn
Graphische Gestaltung: Werner Poll, München
Kartografie: Astrid Fischer-Leitl, München
Herstellung: Bettina Schippel
Repro: Repro Ludwig, Zell am See
Printed in Italy by Printer Trento

Alle Angaben dieses Bandes wurden vom Autor sorgfältig recherchiert und vom Verlag auf Stimmigkeit und Aktualität geprüft.
Allerdings kann keine Haftung für die Richtigkeit der Informationen übernommen werden. Für Hinweise und Anregungen sind wir dankbar.

Zuschriften an den:
Bruckmann Verlag,
Produktmanagement,
Postfach 400209,
D-80702 München
E-Mail: lektorat@bruckmann.de

Umschlagvorderseite:
Oben: Galtispuoda bei Arjeplog
Mitte: Skärhamn
Unten: Steinsetzung Kaseberga

Umschlagrückseite: Sundborn, Abiturientinnen in Göteborg, Windmühle in Südschweden (v. l. n. r.)
Vordere Klappe: Nordlicht
Hintere Klappe: Weißes Rentier

Seite 5: Mädchen mit Mittsommernachtskranz
Seite 6/7: Lindholmen auf der Schäreninsel Tjärnö

Alle Abbildungen des Umschlags und des Innenteils stammen von Petra Woebke, außer:
Bildagentur Huber, Garmisch-Partenkirchen: Umschlagvorderseite Mitte; Gute Vingård AB Hablingbo, Havdhem: Seite 73 (o.); Thomas Krämer: Seite 22 (o.), 43 (u.), 47 (o.), 59 (o.), 63 (o.), 77 (u.), 87 (o.), 90 (o.), 101 (o.), 102 (o.), 125 (o.), 126 (2), 127, 141 (o.), 143 (o.), 164 (u.); Laif/Berthold Steinhilber, Köln: Umschlagvorderseite unten; Look, München: Umschlagvorderseite oben; Picture Alliance/dpa, Frankfurt a. M.: Seite 121 (o.);

Die Deutsche Nationalbibliothek verzeichnet diese Publikation in der deutschen Nationalbibliografie; detaillierte bibliografische Daten sind im Internet über http://dnb-nb.de abrufbar.

Echte Reise-Highlights

ISBN 978-3-7654-4889-8

ISBN 978-3-7654-4828-7

ISBN 978-3-7654-5154-6

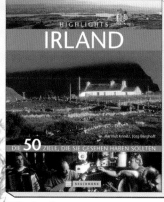

ISBN 978-3-7654-5214-7

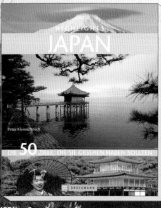

ISBN 978-3-7654-5426-4

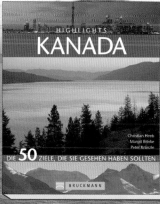

ISBN 978-3-7654-4760-0

ISBN 978-3-7654-4750-1

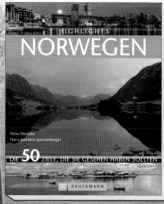

ISBN 978-3-7654-4827-0

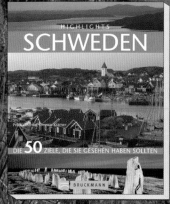

ISBN 978-3-7654-4973-4

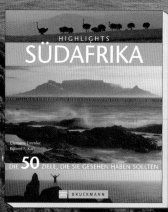

ISBN 978-3-7654-4748-8

ISBN 978-3-7654-4749-5

ISBN 978-3-7654-4604-7

Das komplette Programm unter
www.bruckmann.de

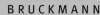

BRUCKMANN

Frühlings-Blumenpracht zwischen
Fels und Heide im Naturreservat
Enerum auf Öland.